「空気」を読んでも従わない

生き苦しさからラクになる

鴻上尚史

岩波ジュニア新書 893

はじめに

あなたは、人からなにか頼まれた時に、本当はイヤだと思っているのに、なかなか、断《ことわ》れなかったりしませんか？

本当は違うことをしたいのに、周《まわ》りの人達の目が気になって、ぐっとガマンしたことはありませんか？

先輩の命令を聞きながら、「どうして、黙《だま》って先輩に従わないといけないんだろう？」と思ったことはありませんか？

もう返事を書きたくないのに、何度も何度もラインやメール、ダイレクトメッセージをやりとりしたことはありませんか？

なんとなくの「**空気**」や「**雰囲気**」にひっぱられて、本当にやりたいことができなかったことはありませんか？

どうして、こんなに生き苦しいんだろうとため息をついたことはありませんか？

この本は、**あなたの生き苦しさのヒミツをあばき、楽になるための方法**を書いたものです。

「えっ？　そんなことにヒミツがあるの？」とあなたは思いましたか？

あるんです。そして、そのヒミツを知れば、生きることがうんと楽になります。

どうしてこんなに、人の頼みを断るのが苦しいのか？

どうしてこんなに、周りの目が気になるのか？

どうしてこんなに、先輩に従わないといけないのか？

どうしてこんなに、周りに合わそうとしてしまうのか？

どうしてこんなに、ラインやメールが気になるのか？

どうしてこんなに、なんとなくの「空気」に流されるのか？

そのヒミツを順番に説明していきますね。なあに、難しいことではないです。

考えれば、答えは出てきます。

「考えるなんてイヤだなあ」と顔をしかめた人はいませんか？

考えることはとても大切です。

例えば、あなたにとても悲しいことが起こったとします。つらくてつらくて、死にたくなるぐらい悲しいことです。

なにもしなければ、ずっと悲しさに苦しめられるでしょう。

その時、「自分はどうしてこんなに悲しいんだろう」と考えてみるのです。

考えている間は、悲しさが薄らぐことに、あなたは気付くでしょう。

そんなバカな？　と思いましたか？

例えば、ずっと飼《か》っていた愛犬のポチが死んだとしましょう。あなたは悲しくて悲しくてどうしようもありません。

でも、その時「どうしてこんなに悲しいんだろう？　ポチと12年間も一緒だったからだろうか。ポチと楽しい思い出があるからこそ悲しいんだろうか。一番楽しかった時はなんだろう。もう二度とポチと一緒に経験できないから悲しいんだろうか？」と、いろいろと考えると、その間は、悲しみは少しやわらぐのです。

もちろん、悲しみそのものはなくなりはしません。ポチが死んだ悲しみはずっと続きます。でも、悲しみについて考えれば、その間は、少し、悲しみから遠ざかることができるのです。

これが「考える力」です。

私達は、感情にふりまわされないために考えるのです。テストでいい点を取ったり、有名な学校に進むために考えるのではありません。

周りが見えなくなって、生き苦しくならないために考えるのです。

感情に負けて、失敗しないために考えるのです。

よりいい生き方を見つけ、楽になるために考えるのです。

ですから、あなたの生き苦しさのヒミツも考えるのです。

考えることは難しいことではありません。むしろ、楽しいことです。ひとつひとつヒミツを解いて、本当のことにたどり着くのは、とてもワクワクすることです。

さあ、あなたの「生き苦しさ」のヒミツを解明する旅に出発しましょう。

目　次

挿画　スカイエマ

1 なぜ先輩に従わなければいけないの？

僕はＮＨＫのＢＳ１で放送されている『cool japan』という番組の司会を10年以上やっています。

「クールでかっこいい日本」を紹介する番組ですが、「ノットクールで理解できない日本」も放送します。

日本に来たドイツ人の女性が、大学でゴルフ部に入りました（大学にも中学・高校のようにクラブ活動があるのです）。

彼女は３年生に途中編入しましたから、部活でも３年生として迎えられました。

そこで彼女はびっくりする体験をします。

１年生が「まるで奴隷《どれい》のように」部室の掃除《そうじ》をしたり、練習の準備をしたり、先輩の世話を焼いているところを見るのです。

ドイツ人の彼女にはまったく理解できません。「まるで奴隷のように」というのは、彼女の言葉です。

そして、先輩達は、「まるで王様のように」、後輩の行動を受け入れるのです。当然という顔をして。

彼女は、「どうして？」と周りに聞きます。

「どうして、1年生や2年生は、3年生や4年生の世話をしなければいけないの？」「どうして、3年生とか4年生の言うことに従わないといけないの？」

さあ、あなたなら、なんと答えますか？

「当然ですよ。先輩なんだから」

ゴルフ部の大学生はこう答えましたが、ドイツ人の女性は、理解できません。

「先輩と言っても、1年違うだけでしょう。1年、歳《とし》が上ということがどうしてそんなに偉《えら》いの？」

大学生はちょっと困った顔をして言いました。

「先輩は先輩だから」

別な説明をした人もいました。

「日本は昔からそうなの」「そういうものなの」

でも、これは説明になっていませんね。

だって、「どうしてダイヤモンドは高いの？」という質問に「ダイヤモンドはダイヤモンドだから」というのは答えになっていません。「昔から高いから」も答えではありません。

とても貴重な鉱物《こうぶつ》で、産出量が少なく、天然でもっとも硬い物質で、磨《みが》いた輝《かがや》きに人々が魅《み》せられたから、というのがダイヤモンドが高価な理由でしょうか。

では、先輩が偉い理由はなんでしょうか？

1歳、年上だから？

でも、1歳違うだけで「奴隷」と「王様」に分かれるのは当然なんでしょうか？

彼女は、「1歳の違いがそんなにすごいことなの？」と理解できないのです。

ドイツ人である彼女が驚いたのは、ドイツには「先輩・後輩」という考え方がないからです。

ドイツだけではありません。ヨーロッパもアメリカも、世界中のほとんどの国では、「先輩・後輩」という考え方はありません。

歳が一つ上だから従うという風習はないのです。

驚きましたか？

僕がイギリスの演劇学校に留学した時、72歳の女性教師がいました。

とても親しくなったのですが、彼女は僕に「日本は年上というだけで尊敬してくれるんでしょう？ うらやましいわあ」と半分本気、半分冗談のように語りました。

イギリスでは72歳というだけでは、尊敬の対象にはなりません。18歳の生徒は、72歳の先生と対等という意識で話します。

シャティーという名前でしたが、彼女が話しだしても、18歳の生徒は平気で「それは違う」と口を挟《はさ》みました。

日本人が見たら、驚く風景でしょう。

私達は、相手が年上の大人の人なら、ただ黙《だま》って聞く、ということが一般的ですから。イギリスだけではなく、多くの国では年齢は関係ありません。

相手が年上だろうが、大人だろうが、対等に議論して、尊敬できる先生なら尊敬するし、尊敬できる答えが返ってこない時は、どんなに年上でも尊敬しないのです。

あなたがクラブ活動をしていたら分かると思いますが、ダメな先輩ほど先輩風《せんぱいかぜ》を吹かせませんか？

ダメな先輩ほど威張《いば》り、偉そうに話し、命令し、後輩をいじめるでしょう？

素敵《すてき》な先輩は、ほとんど先輩風を吹かしませんよね。

僕は中学校時代、ソフトテニス部でした。

今でも覚えていますが、強く自信に満ちた先輩は、後輩にとても優しくしてくれました。

ひどかったのは、弱くて自分に自信のない先輩です。

この人達は、後輩の僕たちをパシリに使っていろいろな物を買いに行かせたり、うさばらしにいじめたりしていました。

その時僕は、「先輩として尊敬できない人にどうして従わないといけないんだろう」と思いました。

優しく素敵な先輩には、黙っていても従おうと思いました。

でも、後輩をストレス発散の道具にしか思ってない先輩に対しては、まったく尊敬の気持ちが生まれませんでした。


相手に従うのは、相手が尊敬に値《あたい》するからです。

当り前のことですね。

尊敬できない人の言葉には従えません。

相手が素敵だから尊敬する。

この当り前のことを確認すると、「相手が一つ年上だから尊敬する」「相手が一つ年上だから従う」ということが、どんなにおかしなことか分かるでしょう。

問題は、一つ年上かどうかではなく、尊敬できる人かどうか、なのです。

でも、私達日本人は、相手が一つ年上、というだけで、先輩として従おうとします。

なぜでしょう。

あなたはなぜ従うのですか？

だって、昔からそうだし、みんなそうしてるし、と思いましたか。

そうです。それがこの国の文化です。

私達が一つ年上というだけで従うというのは、あなたや僕が決めたことではなく、日本の文化だからです。

それはあなた個人の問題ではないのです。

あなたが弱いからでも、先輩が強引だからでもないのです。

だから、あなた自身ではなく、この国の文化を考える必要があるのです。そして、イヤな先輩に従わない方法を考えようとしたら、この国の文化を研究する必要があるのです。

驚きましたか？

2
どうして、人の頼みを断れないのだろう？

もうひとつ、この国の文化と関係のある話をします。

あなたは、人の頼みを簡単に断《ことわ》れますか？

友達から何か頼まれた時、イヤなことはイヤだときっぱりと言えますか？

イヤだなあと思っていても、なかなか「イヤです」とは言えなくて、ずるずると相手の言うことに従ったりしませんか？

この国では、なかなかイヤと言えない人が多いのです。

それも、あなたの弱さではなく、この国の文化と関係があるのです。

昔、アメリカ人のスタッフと仕事をした時のことです。

「～をやってくれませんか？」と言うと、そのアメリカ人はにこやかに微笑《ほほえ》みながら

「できません」と答えました。

僕はびっくりしました。

普通、私達日本人が何かを断る時は、すごくつらそうな顔をするか、申し訳ないという悲しい顔をするか、すみませんという反省する顔をします。

でも、そのアメリカ人は、微笑みながら「NO」と言ったのです。

僕は衝撃《しょうげき》を受けました。

そんな顔で「イヤです」と言う人を見たことがなかったのです。

あんまり驚いたので、「どうして、微笑んでいるのですか?」と聞きました。

相手はキョトンとして「どうして微笑んでいたら変なの?」と逆に質問してきました。

僕は「だって、断るってことは、ストレスがたまりませんか?『NO』って言うのは、ハードルが高くないですか?」と答えました。

彼は、やっぱり、キョトンとしたまま、「できないことをできないということは、当り前のことでしょう」とサラッと言いました。

それもそうだなと、僕は思いました。

でも、僕は、そしてたぶんあなたも、何かを頼まれて断る時は、とても苦しい気持ちになります。

申し訳ない気持ちになります。

そんな気持ちになりたくないから、なるべく、ムチャだと思う頼みごとも、聞こうとしてしまいます。

どうしてなんだろう？　と思いました。

イヤなことをイヤと断るだけで、どうしてこんなに苦しいのだろう。

よく考えたら、変です。

だって、自分はイヤだと言っているだけなのです。

なのに、僕だけじゃなくて多くの日本人は「イヤです」と言うことにストレスというか、抵抗を感じるのです。

それ以降、僕は、外国人が断る時の表情をよく観察するようになりました。

じつに、自然に「イヤです」と言っているように感じました。

できないことはできない。イヤなことはイヤ。ムリなことはムリ。そんな当り前のことを言っている様子でした。
どうしてなんだろうと考え始めました。
そして、「**世間**」と「**社会**」という考え方にたどり着きました。
この二つが、この国の文化を理解する重要なヒントなのです。

3 「世間」と「社会」

「世間」という言葉を聞いたことがあるでしょうか？　ひょっとしたらないかもしれませんね。

「社会」はありますね。科目にもなっていますが、その意味ではありません。

今から、「世間」と「社会」とは何かという説明をします。

少し長い話になります。

「どうしてこんなことを読まないといけないのだろう」と思うかもしれません。

でも、あなたの生き苦しさと「世間」と「社会」は密接《みっせつ》に関係しているのです。

「世間」と「社会」という二つの言葉を理解すると、あなたの生き苦しさのヒミツがよく分かるようになるのです。

この二つの言葉は、大事なキーなのです。どうか、ガマンして、読み続けて下さい。決して、難しい話ではありませんから。


「世間」というのは、あなたと、現在または将来、関係のある人達のことです。

具体的には、学校のクラスメイトや塾で出会う友達、地域のサークルの人や親しい近所の人達が、あなたにとって「世間」です。

「世間」の反対語は、「社会」です。

「社会」というのは、あなたと、現在または将来、なんの関係もない人達のことです。

例えば、道ですれ違った人とか、電車で隣《となり》に座っている人とか、初めていくコンビニのバイトの人、隣町の学校の生徒などです。

日本は「世間」と「社会」という、二つの世界によって成り立っているのです。


具体的にどういうことか、説明しましょう。

あなたはおばさん達の団体旅行とかに出会ったことはありませんか？

昔、僕が駅で電車を待っていた時のことです。

周りにおばさん達が何人かいました。

電車がホームに入ってきて、ドアが開くと、僕の前にいたおばさんが駆《か》け込みました。

そして、四人掛《が》けのシートの前に立って、僕の後ろに向かって声をかけました。

「鈴木さん！　山田さん！　ここ、ここ！」

後から来たおばさん達は、その声に従って、僕を追い越して当然のようにシートに座りました。

僕ともう一人の乗客は、おばさんにブロックされて、シートに座れませんでした。

一般的なルールでは、乗ってきた順番にシートに座るはずです。でも、このおばさんは、僕達を無視して、後ろの仲間を呼んだのです。

どうです。こんな光景、見たことないですか？

僕を無視したおばさんは、冷たい人でしょうか？　そうじゃない、ということをあなたは分かるでしょう。

このおばさんは、おばさんを知る人達の間では、おそらく、世話好きで面倒見がいいと思われてるはずです。

おばさんは、自分に関係のある人達を大切にしているのです。

「世間」は、自分と関係のある人達のことだと書きました。

つまり、このおばさんは、自分の「世間」を大切にしているのです。

そして、次に乗ってきた僕ともう一人の乗客は、自分と関係のない「社会」の人なのです。だから、簡単に無視できるのです。


日本人は、基本的に「世間」に生きています。

自分に関係のある人達をとても大切にします。けれど、自分に関係のない「社会」に生きる人達は、無視して平気なのです。

それは、冷たいとかいじわるとかではなく、生きる世界が違うと思っているからです。

あなたも、街で知り合いに会うと、気兼《きが》ねなく声をかけるでしょう。

「世間」に生きている人とは、普通に話せます。

でも、知らない人にはなかなか声をかけられないはずです。それは、「社会」に生きる人だからです。

『cool japan』に出演しているブラジル人が、ある日、僕に言いました。

「日本人は本当に優しい人達だと思う。3・11の東日本大震災の時、みんなが助け合っていた。私の国だったら、コンビニが襲われたり、交通が乱れてパニックになっていただろう。でも、日本人は、そんなことはなかった。素晴らしい」

ところが、数日後、彼は戸惑《とまど》った顔をして僕に言いました。

「今日、ベビーカーを抱えた女性が、駅の階段を上がろうとしていた。彼女は、ふうふう言いながら、ベビーカーを抱えていた。信じられない。私の国なら、すぐに彼女を助けて、ベビーカーを代わりに持ってあげるだろう。どうして日本人は彼女を助けないのか？日本人は優しい人達じゃなかったのか？」

どうして助けないのか、日本人のあなたなら、その理由は分かるでしょう。

日本人は冷たいからか？　違いますよね。

ベビーカーを抱えている女性は、あなたにとって「社会」に生きる人だからですよね。

つまり、あなたと関係ない人だから、あなたは手を貸さないのです。いえ、貸せないと言ってもいいです。他人には声をかけにくいのです。

もし、その女性が、あなたの知っている人なら、あなたは間違いなく、すぐに助けたでしょう。

冷たいとか冷たくないとか、関係ないのです。

私達日本人は、自分と関係のある「世間」の人達とは簡単に交流するけれど、自分と関係のない「社会」の人達とは、なるべく関わらないようにしているのです。

というか、より正確に言えば、関わり方が分からないのです。


この本を読んでいるあなたの周りには、「世間」と「社会」という2種類の世界があるのです。

あなたはふだん、学校や塾、近所の知り合いの人達という「世間」に生きているはずです。そして、道や駅やお店で会った「社会」に生きる知らない人と長く深く話し込む機会は、あまりないと思います。
それが、平均的な日本人です。

4 「世間」の始まり

どうして「世間」というものが生まれたのでしょう。

そして、その反対の「社会」というものはどうして成立したのでしょう。

その理由を知れば、今現在の私達の文化もよく分かるようになります。

繰り返しますが、私達の生き苦しさの原因も分かるようになるのです。

ここから、少し、「世間」についての歴史的な話をします。

難しい話ではありません。安心して、読み進めて下さい。もし、難しいと思ってもあきらめないで、がんばってね。どうしても理解できなかったら、近くの大人にこっそり、聞いて下さい。

江戸時代まで、日本人は「世間」に生きていました。

つまり、関係のある人達だけの世界で、みんな暮らしていたのです。

一番、典型的《てんけいてき》なのは、「村」です。

村に住む人間にとって、全員が関係のある人達でした。

村という小さな「世間」は、それは強力な存在でした。

「一神教《いっしんきょう》」という言葉を知っていますか？

文字通り、たったひとつの神様をあがめる宗教です。キリスト教とかイスラム教ですね。

唯一《ゆいいつ》の神様がいて、その神様をみんなが信仰している宗教のことです。

キリスト教やイスラム教は、とても厳しいものです。

キリスト教には、『モーゼの十戒《じっかい》』という、モーゼが神様から授かった10の掟《おきて》がありま
す。

「殺人をしてはいけない」とか「盗んではいけない」とか「父母を敬え」とかですが、
十戒の第一番は、「私の他に神があってはならない」というものです。

私以外の他の神を信じてはいけない。私を信じている限り、私はあなたを救おう。しか

し、もし他の神を信じるようなら、私はあなたを救いはしない――そういう内容です。

一神教の神様は、みんなを無条件で救うものではないのです。

私を信仰している者だけ、私を信じている者だけを救うのが、一神教の神様なのです。

驚きましたか？　一神教というのは、厳しいものなのです。

ですから、一神教の神様は、自分のことを信仰しているかどうかを厳しく問いました。

一方、日本は、八百万《やおよろず》の神様がいると言われています。唯一の神様じゃないんですね。

具体的に800万は多すぎるかもしれませんが、山には山の神様がいて、海には海の神様、巨木には巨木の神様がいる、なんて信仰されています。

それぞれの神様は私だけを信仰しろなんて言いません。日本では神様同士がケンカしても、唯一の神を選べなんてせまらないのです。

私達は、お寺に行っても、神社に行っても、祈ります。初詣《はつもうで》は神社で、葬式は仏教でお寺さんで、結婚式はキリスト教のチャペルの人もいます。

日本人は、宗教に対して、よく言えばおおらか、悪く言えばいい加減だとされています。

そこから、日本人は無宗教が多いと言われたりするのですが、かつて日本には、キリスト教やイスラム教の一神教と同じぐらい強力な「神様」がいました。

それが、「世間」です。

村も商人の家の商家も、武士の家の武家も、すべて「世間」であり、それはとても強力なものでした。


話を分かりやすくするために、「世間」の代表例の「村」で説明しますね。

江戸時代まで、村はひとつにまとまっていました。いえ、ひとつにまとまらないと、生きていけませんでした。

一番の理由は、田畑の水です。

日照《ひで》りの夏に、もし、誰かが自分の水田に水を勝手に引いたら、他の水田は干《ひ》からびて、稲《いね》が死んでしまいます。

そうなると、村全体が滅びます。

村は、全体に水が行き渡るように、不公平のないように、常に厳しく監視《かんし》しなければなりませんでした。

村がひとつにまとまらないと村人は生きていけなかったのです。

もし、日照りの夏に隣村が水を強引《ごういん》に横取りしようとしたら、村としては戦わなければいけませんでした。

水がどうしても足らない時は、どこからか水を引くか、手に入れる作業をする必要がありました。それはすべて、村単位で考え、動くことでした。

これらの行動に参加せず、自分の畑の仕事だけをしたり、自分の田んぼにだけ水を引いたりした人は、村の掟《おきて》(ルール)を破ったことになります。そういう人間は、村では生きてゆけませんでした。

「村八分《むらはちぶ》」という言葉があります。

村の掟(ルール)を破った者は、村仲間から「村八分」にされます。

それは、火事とお葬式以外は、無視して口をきかない、仲間に入れない、取り引きしない、という恐ろしい仕打ちです。

火事とお葬式は、優しさから手伝うのではありません。

火事は、とにかく消さないと村全体が燃えてしまうからです。

お葬式は、死体をちゃんと埋めないと、死体が腐《くさ》って伝染病が広がる可能性があるからです。

ですから、しょうがなく火事とお葬式を手伝ったのです。そこに優しさはありません。

逆に言えば、村の掟(ルール)に従っている限りは、村は村人を守りました。

これは、一神教とまったく同じです。

神様を信じている限りは、神様は信者を守ってくれるように、村も、村の掟(ルール)を守っている限り、村人を守りました。

例えば、田植えの時に、体を壊《こわ》して動けなくなったら、他の村人が代わりに働きました。刈《か》り入れの時も、風邪《かぜ》をひいてしまったら、他の村人が代わりに刈り入れしました。

結婚相手がなかなか見つからない若者がいたら、村全体の問題として、なんとか相手を見つけるように努力しました。

この強力なつながりが「世間」です。

「世間」は結婚相手の世話や、ケガをした時の助け合いや、田畑への水の配分など、あらゆる面であなたを守りました。

それは、その個人のためだけではなく、村全体のためになるからです。

村で協力しながら結婚相手を見つければ、やがて、子供が生まれて、働き手となり、村は発展していきます。

結婚相手が見つからず一生独身のままなら、村全体も困ります。

村は、つまり「世間」は、ちゃんと掟(ルール)に従っている限り、ずっとあなたの面倒を見てくれたのです。

それはそれは強力な守り神でした。

村だけではなく、商人は商家が、武士は武家という強力な「世間」がありました。

まさに、日本の強力な一神教と言えるものでした。

これに所属していなければ、江戸時代は生きていけませんでした。

例えば、武士は「世間」である武家を飛び出しただけで、脱藩《だっぱん》者となり、無宿者《むしゅくもの》と呼ばれて犯罪者となりました。

それぐらい「世間」は日本人にとって密接なものでした。

でも、今、「世間」なんて聞いたことがないけどなあ、とあなたは思いましたか?

そうです。現在、江戸時代のような強力な「世間」は残っていません。どうしてでしょうか？

それには、もちろん、理由があります。

5 「世間」を壊そうとする人達

明治時代になって、明治政府は、「世間」というものを壊《こわ》そうとしました。

村が村人の生活を守る時代から、国が国民を守る時代に入ったからです。

村や商家、武家が一番偉いままだと、国が困るのです。

「富国強兵」という言葉を勉強しましたか？

国を豊かにして、強い軍隊を持とうという明治政府の方針です。

そのためには、「殖産興業《しょくさんこうぎょう》」という、さまざまな産業を起こして、日本を経済的に近代国家にしようと明治政府は計画しました。

この時、強力な「世間」はジャマになります。

それまで、日本人は同じ村の人達、つまり「世間」の人達としか会話していませんでした。

「旅の恥はかき捨て」ということわざを知っていますか？

村を出て旅に出たらもう、知る人もいないし、住むわけでもないのだから、恥をかいても問題はない、という意味です。

江戸時代までの日本人にとって、自分が知っている相手だけが重要だったのです。

ところが、明治時代になって、政府は知らない者同士を集める必要が出てきました。

学校も軍隊も工場も、村単位ではなく、村を超えた知らない人同士が集まる場所です。

この時、「世間」が強力に続いていたら、日本人は同じ村の人としか会話しなくなります。

知っている人がいないと、黙ったままになります。

それでは、政府は困るのです。

そのために、村という「世間」を壊す必要が出てきたのです。

そして、「世間」というつながりの代わりに、「社会」という考え方を国民に示しました。

明治政府は国民に言いました。

「これからは『社会』の時代だ。『社会』は、知らない者同士が会話し、協力するものである。身内だけが集まる『世間』はもう古い。新しい時代には新しい人間関係が必要になる、それが『社会』である。さあ、知らない人と会話を始めよう」

これからは「社会」が生活の基本になるから、知らない人と工場で一緒に働けるし、知らない人と一緒に軍隊を作れるし、知らない人と一緒に教室で学ぶことができる、というわけです。

さあ、もし、あなたが明治時代の人だとしたら、こう言われたらどう思いますか？

「そうか。これからは『社会』か。分かった。知らない人に積極的に話しかけよう」と思うでしょうか？

……思いませんよね。

「突然、そんなこと言われても、知らない人に話しかけるのは慣れてないし、どうせ一緒に働くのなら知っている同じ村の人がいいなあ。特に軍隊で戦争に行くのに、まったく知らない人と一緒に戦うなんて、なんかイヤだなあ。できるなら、知っている仲間と戦いたいなあ。そうじゃなきゃ、信頼できないし」

そんなことを思うんじゃないでしょうか?

その通り、明治時代の人も、政府がいくら「社会」と叫んでも、昔ながらの「世間」を守ろうとしました。

もちろん、いろんな村の子供がひとつの学校に行き、いろんな村の人達がひとつの工場に集まり、いろんな村の人達が軍隊に集められましたから、少しずつ強力な「世間」は崩れていきましたが、それでも、「世間」という考え方、感じ方はずっと残ったのです。

6 根強く残る「世間」

「社会」が完全に根付かなかった結果、私達日本人には、「世間」という考え方が根強く残っています。

あなたのおじいちゃんやおばあちゃんが「世間体《せけんてい》が悪い」なんて言っているのを聞いたことがありますか？

都市より田舎の人が、より高齢な人がよく言います。

例えば、結婚前の女性が夜遊びを続けているとか、派手な格好をして外出してたりすると、「世間体が悪い」とか「世間に顔向けできない」「世間様になんと言われるか」なんて言います。

「世間」に顔向けできないことをすると、「世間」が守ってくれなくなる。「世間」の掟

(ルール)を守らないといけない。おじいちゃんやおばあちゃんはそう思っているのです。

そうそう、スキャンダルを起こした芸能人が、記者会見で「世間を騒がせて申し訳ありませんでした」なんて言ったりします。

いまだに、「世間」という言葉は根強く残っています。


そうは言っても、「世間」なんてピンと来ないなあと、あなたは思いましたか?

自分がどれぐらい「世間」に生きているか、簡単にテストできる方法があります。

友達から「最近、おまえ、評判悪いよ」と言われたと想像して下さい。

あなたは思わず、「誰が言ってるの?」と聞きます。すると、友達は、顔をしかめながら「みんな言ってるよ」と答えるのです。

どうですか? ドキッとしますか?

まったく何も感じない、という人は少ないんじゃないでしょうか。

冷静に考えれば、「みんな言ってる」というのはおかしいのです。

クラス35人だとして、あなたを除いた34人全員があなたの悪口を言うはずがないのです。

たった一人をクラス全員がまとまっていじめる場合でも、全員が悪口を言うことはありません。必ず、黙っている人がいるはずです。そういう人は、みんなに従っていじめているふりをしながら、じっと黙っているのです。

クラブ活動で、メンバーが20人いたとして、あなたを除いた19人全員があなたの悪口を言うはずがないのです。

塾のいつものメンバーが10人だとして、あなたを除いた9人全員があなたの悪口を言うはずがないのです。

ですから「みんな言っているよ」というのはおかしいのです。

でも、私達は、友達から「みんな、あんたの悪口を言っているよ」と言われると、ドキッとしてしまうのです。

それは、私達が「世間」に生きている証拠です。

「クラスのみんなが言っているよ」と言われてドキッとしない場合でも、「いつもの仲間がみんな言ってるよ」と言われたら、ドキッとするかもしれません。

その場合は、クラスではなく、「いつもの仲間」「仲良しグループ」が「世間」ということになります。

お互いが助け合い、強くつながっている集団が「世間」なのです。

どうですか？　あなたが生きる「世間」はありますか？


そんな昔の考え方が残っているなんて信じられないと思いましたか？

人間は案外、変わらないものだと僕は思っています。

例えば、私達日本人はずっと畳《たたみ》の生活をしてきました。

今、畳がある家に住んでいる人は少ないかもしれません。

家のリビングが畳の部屋ではなく、フローリングとかカーペットでソファーのある部屋の方が多いかもしれません。

あなたは、長時間、ソファーに座っているうちに、いつの間にか床に直接座って、ソファーにもたれかかるということはありませんか？

それは、日本人が畳の生活で、床にじかに座っていた習慣が体に残っているからじゃないかと僕は思っています。

いろんな人に聞いてみましたが、畳の生活なんかしたことないのに、ソファーに座るより、床に直接座る方を選ぶ日本人が多くいました。人間の体は、そんなに簡単には変わらないのです。

考え方も、同じです。

しみついた考え方は、なかなか変わりません。

7

「世間」は中途半端に壊れている

あなたは「世間」に生きている、と書きながら、江戸時代の強力な「世間」が残っているわけではありません。

今、「世間」は中途半端《ちゅうとはんぱ》に壊れた状態で残っています。

昔、昭和の時代、「世間」は強力に残っていました。

隣近所の人達は、お味噌《みそ》とかお醤油《しょうゆ》、お米なんかを貸し借りしていました。

知っている者同士、助け合っていたのです。

都会で、まず、この「世間」が壊れました。

知らない人が多く住むので、地域から「世間」がなくなったのです。

ただし、都会の人でも、とてもまとまりを強調する会社に勤めると、会社という「世間」に生きることになりました。

校則が厳しい学校とかルールの多い学生寮も「世間」になりました。

また、あなたに親しいグループがあって、いつもその人達と一緒にいるのなら、強い「世間」に生きていることになります。

先輩・後輩の礼儀に厳しいクラブに所属している人は、それが「世間」と言えるでしょう。

都会よりも、地方、田舎に行けば行くほど、まだまだ強力な「世間」が残っています。

中学でいまだに丸坊主が校則とか、人口が少なくてお互いが知り合い、なんて地域は、「世間」が壊れないで残っている場合が多いです。

僕は愛媛県出身なのですが、故郷ではいまだに、朝の6時と夕方の6時に、公民館に設置しているスピーカーから大きな音で音楽が流れて、地域に時間を知らせます。

でも、今の時代、深夜労働をしている人はいくら田舎でもそれなりにいると思います。

でも、無条件で朝の6時に大きな音量で曲が公民館のスピーカーから流れるのです。

思わず起きてしまう人もいるはずです。でも、「世間」は、この放送をやめないのです。

みんな、朝の6時に起きると思っていて、放送がみんなのためになっていると思っているからです。

もちろん、都市に住んでいて、いつも一人ぼっちで、集団に属していなければ「世間」に生きていない可能性もあります。

特に学生のうちは、どんな「世間」にも属さないで生活することは可能です。働き出したら、そうはいきません。会社員にならなくても、バイト先が体育会系の団結を求める職場だったり、少人数で濃い人間関係だったりすると、そこが「世間」になります。

見分け方は、前述した「もし、このグループのみんながあなたの悪口を言っていると言われたら、どれぐらいドキッとするか」です。

思い入れのないグループ、好きでもない集団、関心のない人達だと、「あなたの悪口を言っている」と言われても、あんまりチクッとしません。

その場合は、その集団は、あなたにとって「世間」ではありません。あなたは、その集団の掟(ルール)に従う必要もないし、従うつもりもないでしょう。いつやめてもいいと思っているはずです。

逆に、大切な人達、大好きなグループ、ちゃんと所属している集団だと、チクッではなく、ドキッとするでしょう。

それは、あなたにとって「世間」です。

「世間」に生きることは、安心することですが、同時にいろんな掟(ルール)に縛られることなのです。


大切なことは、今現在、「世間」に属していない人も、「世間」という考え方・感じ方が日本人として残っているということです。

いつも一人ぼっちの人でも、知っている人には話しかけやすく、知らない人達には気軽に声をかけられないでしょう。

「世間」に属する人達を親しく感じ、「社会」に属する人達には距離を感じるということです。

8 外国には「世間」はない

驚くことに、ほとんどの外国には、「世間」はありません。「世間」は、とても日本的なのです。

欧米をはじめとしたほとんどの外国は、「社会」しかありません。

つまり、自分が知っている人達と知らない人達を分けないのです。

エレベーターに乗ると、日本人は、全員が沈黙《ちんもく》したまま、決して目を合わせず、じっとドアの上に表示された階数の数字を見つめています。

僕もあなたもそうします。

お互いが他人で、「社会」に住む人達だから、会話できないのです。会話するつもりもないと言ってもいいし、エレベーターの中でどんなふうに話しかけたらいいか分からないと言ってもいいでしょう。

欧米では、エレベーターの中で、必ず、目礼か会釈《えしゃく》か会話が始まります。

知らない者同士が会話することが当り前の「社会」に生きているからです。エレベーターのような狭い空間で、とても近い所に人が立っているのに、黙っている方が不自然に感じるのです。

彼ら・彼女らは、日本に来て、全員が斜め上を向いたまま沈黙しているエレベーターを経験して、驚くのです。


また、欧米では、デパートやお店でドアを開けて入る人は、必ず、後ろを見て、後から入ってくる人がいるかどうか確認します。

そして、すぐ後ろに続いて入ってくる人がいると、ドアを軽く手で支えて、次の人が入りやすいようにします。

その後ろの人もまた、後に続く人がいたら、同じことをします。

「社会」に生きているので、後に続く「社会」の人を意識しているのです。

日本だと、こんなことをする人はめったにいません。

後に続く人は「社会」の人なので、無視していい人達なのです。もちろん、後ろから同じ「世間」に住む仲間が続いていたら、ドアを手で支えて、入りやすくします。

「世間」に住む人だから、当然なのです。

海外に行くと、このドアのちょっとした心配《こころくば》りに感動します。

また、英語を話す国々では、電車の中や道で、ちょっとでもぶつかったり、肩がふれたりすると、すぐに「エクスキューズミー」の言葉が出ます。フランスなら「パルドン」です。「すみません」の意味です。

お互いが知らない「社会」に住む人だからこそ、丁寧《ていねい》に謝ろうとするのです。

そうしないと、いきなり、ケンカが起こる可能性があります。

日本では、都会では、軽く肩がぶつかったり、ちょっと足を踏んでも、誰も何も言いません。

小さな田舎で、お互いが「世間」に住んでいる時は、丁寧に謝ります。

でも、都市で、相手のことを知らない「社会」に住む人同士だと、軽くぶつかったぐらいだとお互い、何も言わないのです。

これもまた、「礼儀正しい日本人」のイメージを持って日本に旅行に来た外国人が驚くことです。

海外旅行に行ったことはありますか?

まだなら、なるべく早く、海外に行くことを勧めます。

いろんな国に行き、いろんな風景を見て、いろんな文化を見ることは、自分が生きている国や街、文化を相対的に見ることに役立ちます。

「相対的」というのは、自分の生きている状況が唯一《ゆいいつ》、絶対《ぜったい》ではないと分かるということです。

自分の今の状況はたったひとつの正解ではないんだという考えは、生き苦しさから私達を救ってくれます。

数年前、ツイッターで「なぜ勉強をするのか?」という質問に対する親の答えが話題になっていました。

勉強をなぜするのか親に訊いたときに、コップを指して「国語なら『透明なコップに入った濁ったお茶』、算数なら『200㎖のコップに半分以下残っているお茶』、社会なら『中国産のコップに入った静岡産のお茶』と色々な視点が持てる。多様な視点や価値観は心を自由にする」というようなことを返された

素晴らしい答えでした。

「多様な視点や価値観は心を自由にする」ということが「相対的に考える」ということです。

私達は、苦しくなると、モノの見方が狭くなってきます。「もうここの解決方法しかない」とか、「これをやるしかない」「他にどうしようもない」と思い込みがちになります。

そういう時、他の文化を知っていれば、いろんな考え方、見方ができるのです。

それは、まさに「**心を自由**」にします。

僕は高校時代、生徒会長でした。立候補したのは、無意味な校則を変えたいという理由でした。

あなたの学校はどうですか？

僕の通った高校は、靴下のワンポイントだの髪の長さだののストッキングの色だのスカートの長さだの、さまざまな細かい校則がありました。

生徒会長に当選して、さっそく校則を変えようとしました。

すると、生徒指導担当の先生がやってきて「校則を変えると学校が荒れる。校則はそもそも、考え抜かれた絶対的なものなのだ」と言いました。

僕が反論しようとすると「絶対に校則を変えさせない」と言って話を終わらせました。

考えた僕は、県内のすべての公立高校の校則を調べることにしました。僕の通っていたのが県立高校だったので、私立高校のデータは参考にならないと考えたのです（私立高校で、ものすごく自由な校則の学校があっても、「私立は独自だから」と言われると思ったのです）。

僕の高校は、女子のストッキングは、黒色しか認められていませんでした。肌色は禁止でした。まったく理由が分からない理不尽《りふじん》な校則だと思いましたが、生徒指導の先生は「当然である」とだけ言いました。

調べた結果、近くの高校では、肌色のストッキングが許可されて、黒色は禁止でした。「黒色は娼婦《しょうふ》っぽい」と、生徒指導の先生は言っていると、その学校の生徒会長から聞きました。

僕は思わず笑ってしまいました。「黒色が娼婦っぽい」のなら、僕の学校の女子生徒は全員娼婦なのか。すごい学校だ。

そして、急に心と体が楽になりました。校則は絶対なものじゃない。隣の高校でさえ、正反対のルールなんだ。唯一絶対の正解があるものじゃないんだ。

他の文化を知ることで、相対的な見方ができるようになる、というのはこういうことです。

他の文化を知ることで、自分の状況が「これしかない」ものではないことが分かるのです。

ということで、「世間」に対して相対的な見方ができるようになるために、早めに海外旅行に出ることを勧めますし、海外の例を説明しているのです。

海外には、「世間」はありません。ただ、「社会」だけです。

そうすると、他にもこんなことが起こります。

「どこで恋人を見つけましたか？」という質問を日本人にすると、「学校」「塾」「バイト先」「勤務先」というように、知っている人がいる場所、つまり「世間」を挙《あ》げます。

欧米では、「公園」「列車」「銀行」「レストラン」「バー」という、知らない人が出会う場所、つまり「社会」が挙げられることが多いのです。

知らない人に声をかけること、会話することが平気というか、当り前だからです。

欧米のスーパーに行くと、店員さんは、僕の目を見て「ハーイ」と声をかけます。

お店で、直接、目を見られて自然に声をかけられる、ということに慣《な》れていないのでドキドキします。

初めて入ったお店でも、店員さんは僕の目を見て、じつに自然に「ハーイ」と言うのです。

日本だと、馴染《なじ》みになったお店だと、こういうことは起こります。

いつもの商店街の八百屋さんとかお惣菜《そうざい》屋さん、とかです。お客さんも店員さんもお互いを知っていて、「世間」の関係になっているからです。

でも、コンビニとかスーパーは、普通、相手のことをよく知らない「社会」の人です。

この場合は、お客も店員さんもお互いの目は見ません。そして、マニュアルの「いらっしゃいませ。こんにちは」という言葉を独り言のように繰り返すだけです。

多くの日本人は、こっちの方の対応に慣れているので、海外のスーパーで初対面の店員さんに、親しそうに「ハーイ」と言われると、ドギマギしてしまうのです。

これも、海外旅行に行かないと経験できないことです。

どうして、欧米には「世間」がないのかは、じつはキリスト教という一神教と密接な関係があります。ただ、それは、この本であなたに伝えようとしていることから外《はず》れるので詳しくは言いません。

ただ、海外には「世間」はない。

けれど、日本人には、つまり、僕にもあなたにも、「世間」という考え方、感じ方が強く残っている、ということです。

9 人の頼みを断るのがつらいヒミツ

さて、ずっと「世間」と「社会」の違いを見てきました。

ここまで、ガマンして読んでくれてありがとう。

これで、僕の言いたいことの前提《ぜんてい》が終わりました。

この国に、「世間」と「社会」という二つの世界があると理解すると、これから後、この国のヒミツを解きあかすのは、とても簡単になります。

まず、「世間」とは何かを理解すると、「どうして、日本人は人の頼みを断るのが苦痛なのか？」という理由が分かるのです。

昔、日本人は「世間」に住んでいたと書きました。「世間」では、みんなが知り合いで、お互いがお互いのことを考え、心配しています。

例えば江戸時代、村に住んでいて、村人から「隣の家の田植えを手伝ってくれ」と言われたら、それは村の重要なルールだと思えました。自分がやがて病気になって、田植えができない時が来るかもしれない。だから、今は隣の家の田植えを手伝おう、と思うのです。

つまり、村からの頼みごとは、すべて、めぐりめぐったら自分のためになる頼みごとだと思えたのです。

家族ではない村人が、あなたに「夜は早く寝て、朝は早起きをしなさい」と言ったとしても、それは、ただの文句ではなかったのです。

「私達は同じ『世間』に住んでいて、あなたが朝から働いて豊かになることは村が豊かになることだ。それは、私も豊かになることだ。だから、あなたに文句を言うのは、お互いが豊かになるために、あなたのためを思って言っているのだ。だって、私達は同じ『世間』に住んでいるんだから」ということでした。

つまり、「世間」の人が、何か言ったり頼みごとをするのは、めぐりめぐれば、私のためだとみんな思っていたのです。

「社会」は違います。「社会」の人は、自分の都合で頼みごとをしたり、文句を言います。あなたの事情なんて知りませんから、「社会」の人は、自分の言いたいことを言うだけなのです。

それは良いとか悪いとか、「社会」の人が冷たいとかわがままとかいうことではありません。

あなたと関係がないのですから、あなたの事情は分からない、それだけのことです。

ただ、「朝、一緒にジョギングする相手を探している」という自分の都合だけを考えて、「夜は早く寝て、朝は早起きをしなさい」と言うのです。めぐりめぐっても、相手のためではないのです。

私達、日本人には「世間」の記憶が強く残っていると書きました。

つまり、何か言われたり、頼まれたりした時、「世間」の人に言われたと思ってしまうのです。

私のことを心配し、私のためを思って言ってくれる「世間」の人の言葉だと感じてしまうのです。

そんな人の頼みを簡単に断れるでしょうか？

つい、無意識に「申し訳ない」とか「すみません」とか「断ってはいけない」と思ってしまうのは、当然だと思いませんか？

私達の心に残る「世間」の意識が、相手の頼みを断りにくくしているのです。ましてて、相手が、同じグループや塾、仲間という「世間」に生きる人だと、余計、申し訳ないと思ってしまうのです。

江戸時代の村のような強力な「世間」に住む相手ではないのに、「世間」の記憶が「私のことを思って言ってくれてるんじゃないだろうか。だから、この依頼を断るのは、とても悪いことなんじゃないだろうか」と意識的にか無意識的にか、思ってしまうのです。

外国人が、人の頼みをにっこり笑って断れるのは、「社会」にずっと生きているからです。

「社会」に生きる相手は、自分の都合で頼みごとをしてくると知っています。だから、いちいち、断ることを申し訳ないと思う必要がないのです。

ですから、**あなたが人の頼みをなかなか断れないのは、あなたが弱いからではないのです。**

「自分はなんて弱いんだ」と責めることはないのです。

そもそも、私達日本人の心に、そういう傾向があるのです。

それが分かれば、対応の仕方はあります。

10

もし人から頼まれたら

もし、あなたが人から何かを頼まれたとして、「イヤだなあ、やりたくないなあ」と思っていたとします。

その時には、まず、焦《あせ》らないで、相手が「世間」の人なのか、「社会」の人なのかを判断して下さい。

「世間」の人というのは、現在または将来、あなたと定期的に関係がある人ということですね。

「社会」の人というのは、これがただ一度だけで、あなたの世界と関係のない人、ということですね。

まず、相手が「社会」の人なら、悪いと思わず、堂々と、「イヤです」と断って下さい。

だって、その人と二度と会話することはないのです。安心して、イヤだと言っていいのです。大丈夫。何の問題もないです。

日本のお店やレストラン、会社では、「モンスター・クレイマー」と呼ばれる、強引な客達にも丁寧に対応する傾向があります。

たまにネットに、文句を言うお客さんに土下座《どげざ》した店員さんの写真がアップされたりします。

一度、面白いニュースが流れてきました。

何のお店か忘れてしまったのですが、激しく文句を言うお客さんに対して店員が土下座しようとしたところ、店長が出てきました。店長はドイツ人でした。

その人は、文句を言うお客さんに対して、「そんなひどい言葉を言うあなたはもうお客でもなんでもない。お金を返すから帰りなさい。これ以上、ひどいことを言うと警察を呼ぶぞ」と、ひるむことなく対応したのです。

驚いたのは、お客さんと店員でした。

店員はとにかく謝り続けるものだと思っていました。

お客さんは、強く言えばお詫《わ》びの品物かお金がサービスで出るものだと思っていました。

ところが、ドイツ人の店長は、「あなたはお客ではない」と言い放ったのです。

「社会」に生きる相手は、自分とは関係ありませんから、それをただ当り前に言っただけなのです。

ただ、お金をもらい、商品を渡している間は店員とお客ですが、それがなくなったら、「あなたと私はただの他人だ」とドイツ人の店長は考えたのです。

私達は、「社会」の人と話すことに慣れていません。

「社会」の人、つまり、現在も将来も無関係な人と複雑な会話をすることはめったにありません。

たいてい、事務的な会話で終わります。

知らない人と、いきなり、長く話し込むということはないのです。

ですから、クレーマーが話し出した時、本当は「社会」の人なのに、まるで「世間」の人と話しているかのような誤解を持ちます（クレームをつけている人がいつものお馴染《なじ》み客でない限り、「社会」の人です)。

そして、「世間」の人だと思い込めば、相手の言うことをちゃんと聞こうとしてしまうのです。

でも、ドイツ人の店長は、そもそも「世間」を知りませんから(生きていませんから)、相手の話を聞かないことが「悪いこと」「申し訳ないこと」と思わなかったのです。

相手が「社会」に生きる人なら、それでいいのです。

さて、無理な頼みをしてきた相手が「世間」の場合です。

この場合は、断りにくい感じがしますが、昔の村のように、強力な「世間」かどうかを考えて下さい。

昔の「世間」は、一神教のようだと書きました。

「村の掟(ルール)」を破ったら、生きていけないぐらい強いものでした。

今、あなたに頼みごとをしている「世間」の人は、どれぐらい強い「世間」に生きている人ですか?

クラスの友達？　グループの仲間？

強い「世間」に感じるかもしれませんが、昔の村に比べたら、全然大丈夫です。

勇気を持って「イヤだ」と断りましょう。大丈夫。一神教じゃないんだから、断ったら神から見放されて殺されてしまう、なんてことはないのです。

書いたように「世間」は中途半端に壊れているのです。強力な「世間」はそんなにないのです。

ただ、「断ったら悪い」という思いがあなたを縛《しば》っているだけなのです。

問題は、相手がジャイアンのようないじめっ子とか部活の厳しい先輩の場合ですね。

この場合は、強力な「世間」になるでしょう。ひょっとしたら、昔の村に近いぐらい強い「世間」かもしれませんね。

でも、こういうタイプの「世間」の人から頼まれることは少なくないですか？

ほとんどの場合は、中途半端に壊れた「世間」の人からの頼みごとのはずです。

そして、それなのに、断ることがとても心苦しいと感じてしまうのです。

ですから、あなたの心の中にある「世間」という記憶が、あなたを苦しめているのだと気付いて下さい。

ジャイアンや厳しい先輩の時はどうしたらいいかは、この本の後半にあらためて書きます。

11

敵を知るということ

僕は、あなたを取り巻いている「世間」と「社会」というものの正体《しょうたい》をずっと書いています。

どうしてこんなことをしているか分かりますか？

戦いというものは、敵の正体が分からない時が一番、怖《こわ》いのです。

だって、「敵だ！　どこから来たのか、どれぐらいの数なのか、どんな装備なのかまったく分からない！　でも、敵だ！　敵襲だ！」というのは、怖いです。

ちょうど、ホラー映画で暗い森の中に迷い込んだみたいなものです。幽霊《ゆうれい》は、その正体が分からないから怖いのです。

これが、「敵です！　上空からです！　人数は30人！　装備はアメリカ軍と同じです！」

だと、得体《えたい》の知れない怖さはぐっと減ります。

自分が何をしたらいいのか、戦えるのか逃げた方がいいのか、どんな風に戦ったらいいのか、どっちの方角に逃げたらいいのかが分かります。

幽霊だって、「100年前に盗賊に殺された農民で、幸せな人に恨《うら》みを感じる。必殺技は、呪《のろ》い。かけられると、体調が悪くなる」なんて分かると、怖さはぐっと減ります。


ただ「生き苦しい」と感じても、何に対して「生き苦しい」と感じているのか、何が私達を「生き苦しく」しているのか、「生き苦しさ」の正体は何なのかが分からなければ、「生き苦しさ」と戦えないのです。

僕は、**この国で感じる「生き苦しさ」の正体が「世間」と関係あると考えています。**

今まで読んできて、納得《なっとく》した人もいれば、「そうかなあ」と疑問に思っている人もいるでしょう。

まだ完全に納得してなくて、かまいません。

ただ、どうして「世間」と「社会」を説明しているのかというと、「生き苦しさ」と戦うために、「生き苦しさ」の正体を追及しているのだと分かってもらえると嬉《うれ》しいです。

なぜ説明しているのかが分からないことが、一番、残念なことですから。

さて、**「生き苦しさ」の正体と、その戦い方**の話を続けましょう。

12

「空気」ということ

以前、「**空気を読め**」という言い方が流行《はや》りました。

その時は、テレビのお笑い番組やバラエティ番組では、トンチンカンな発言をした若手芸人や、すべった芸人に対して、「空気を読め」と声が飛びました。

じつに分かりやすい言い方だったからです。

その場に、ある一定の「空気」があって、それをちゃんと読んでから発言しろ、ということです。

あなたはバラエティ番組やお笑い番組を見るのは好きですか？

見ると、番組の「空気」は、司会者が作っていることが分かります。

たいてい、お笑い番組の司会者は、大物芸人さんです。

タモリさん、たけしさん、さんまさん、鶴瓶さん、ダウンタウンさん、ナイナイさん、雨上がりさん、まだまだいますね。

誰も司会者のいない番組とか、一番若手の芸人が司会をする番組、なんてのは見たことないですよね。

人気のある番組であればあるほど、ちゃんとした大物芸人が司会者になっています。

そして、番組に参加する若手や中堅《ちゅうけん》のお笑い芸人さんは、司会者によってトークの内容を変えます。

「司会者がどんな笑いを求めているか」という空気をちゃんと読んだ人が、番組に呼ばれるのです。

だって、ダウンタウンさんの番組に出て、松本さんの前でたけしさんの映画の話をえんえんとする人はいないでしょう。

もしいたら、「空気を読め」と言われて、二度と出演できなくなるでしょう。

あなたは「空気」という言い方をしたことはありますか？

中学生の知り合いが、僕達は「空気を読め」って使うよ、と言っていました。「KY」という言い方もありました。「K(恋する)Y(予感)」じゃないですよ。「K(漢字を)Y(読め)」でもなくて、「K(空気が)Y(読めない)」か「K(空気を)Y(読め)」です。

言ったことはなくても、何人かで話している時に、場の「空気」を読もうとしたことのない人はいないんじゃないでしょうか。

「空気」とは言わないで、「雰囲気」とか「ノリ」とか「流れ」「ムード」「感覚」なんて言い方だったかもしれません。

「空気」や「雰囲気」「ムード」が場を支配するっていう感覚、分かりますか?

誰かが明確に命令したわけでも、主張したわけでもないのに、なんとなくそうなっている状態です。

例えば、友達何人かと日曜日、どこに遊びに行くか相談している時。なんとなく場の流れが「遊園地」になりつつある。でも、あなたは、「映画」に行きたいと思っている。でも、場の流れがすごく強力で、あなたは言い出せない——なんて時です。

例えば、クラブで試合の成績が良くない理由が、たった一人の部員Aのせいにされそうになっている。あなたは、それは違うと思っているんだけど、とても場の雰囲気が厳しくて言い出せない——なんて時です。

その時、思い出して欲しいのですが、その場には、テレビのお笑い番組のように、明確な司会者はいましたか？　はっきりと分かる大物芸人のような司会者はいましたか？

もし、そういう人が一人いたら、場の空気を作っている人は、はっきりしています。

例えば、部活で部員Aを責めているのが部長なら、その場の雰囲気は部長が作っています。

でも、あなたが仲良しグループで話していて、なんとなく、「遊園地」に決まりそうな流れで、とても「映画」と言い出せないと感じている時、誰か大物の司会者がいましたか？

部活で1年生だけで話し合っているとしたら、その時、明確な司会者はいましたか？　はっきりとした司会者、大物芸人がいないのに、なんとなく、ある雰囲気が生まれ、そして、それに逆らえない、ということがあったんじゃないでしょうか。

その無言の圧力を、「空気」と呼ぶのです。

不思議なのは、場の「空気」を決定する大物司会者がいないのに、場の「空気」は生まれることがあり、一度生まれると強力な力を持つことです。

誰が決めたか分からない「空気」が、いつのまにか、動かせない決定事項になるのです。

そんな経験、ありませんか？

僕は、一度、居酒屋で大学生のグループと隣り合ったことがあります。

4月でしたから、クラスかサークル(大学のクラブ活動ですね)の初顔合わせだったのでしょう。順番に自己紹介をしていました。

その時、一人がわりとくだらないダジャレを言いました。冷《さ》めた笑いが少し起こり、場が沈黙《ちんもく》しました。別の誰かがフォローのつもりだったのでしょう、違うダジャレを叫びました。

場はさらに沈黙してしまいました。

すると、また別の一人が「お願いだから、空気読んで！」とおどけて叫びました。

少し笑いが起きましたが、笑いが終わった後は、かえって場は緊張《きんちょう》しているように感じました。

僕は、その反応が興味深くてずっと見ていました。

初めての顔合わせの場には、大物芸人にあたる強力な司会者はいません。

つまり、その場でどんな発言が求められているか分かりません。どんな人が集まっていて、どんなことを言えばその場に相応《ふさわ》しいのか分からないのです。

つまり、その場の「空気」は分からないのです。まだ決まってない、と言ってもいいです。

なのに、「お願いだから、空気読んで!」と叫ばれると、まだ決まってない「空気」を読まないといけないという、「不可能に挑戦する」ということが求められるのです。

みんな、緊張するのは当り前だと思います。

「空気を読んで」という言葉は、なんてイヤな言い方なんだろうと、僕は思いました。

あなたが新しいクラブに入って、最初の顔合わせを想像して下さい。

その場では、まだ「空気」はできていません。誰が大物司会者か決まってないし、そもそも、大物司会者にあたる人がいるかどうかも分かりません。

テレビ番組の例で言えば、大物司会者がいなくて、みんな若手芸人だけかもしれません。

そういう時、場の「空気を読む」ことは不可能です。

もし読んだとしても、場の「空気」は突然、変わるのです。

だって、一人がものすごく長く自己紹介したら、うんざりとした空気が流れるでしょう。

次に続く人は、「長く話したくない」と思うか、または「私も長く話さないといけないのかな」と思うでしょう。

もし、最初の人の自己紹介がうんと短かったら、次の人は「私はもっと長く話そう」と思うか「短くていいんだ。よかった」と思うかもしれません。

どちらにしろ、場の空気は突然に変わります。

なのに、私達は、その場でできた瞬間的な「空気」に従ってしまうのです。

大物司会者がいたら、話は別です。すぐに「話が長すぎます。もっと手短に自己紹介して下さい」とか、「そんなに短いとあなたのことがよく分からない。もう少し話して下さい」と、場の「空気」を決めるでしょう。

私達が友達やグループで話している時、じつは、大物司会者がいることは少ないです。グループの中に圧倒的なリーダーがいるとか、友達の中にボスかジャイアンがいる、ということはあまりないです。

みんながなんとなく、同じレベルで、話し合いに参加していることが多いです。

もちろん、先輩が一人だけいたら、大物司会者ですが、一人ということは珍しいと思います。先輩が参加する時は複数で、その場合は、先輩の中でたった一人、大物司会者が決まることは珍しいと思います(もちろん、部長とかがいれば別ですが)。

大物司会者がいないのに、なんとなく場の「空気」は決まります。

そして、それがいつのまにか力を持って、逆《さか》らえなくなります。

誰か強力な司会者がいて、その人が命令して「空気」や「雰囲気」「ムード」が生まれ、それが絶対的な力を持つのなら分かりますが、誰も司会者がいないのに、なんとなく、「空気」や「雰囲気」「ムード」「ノリ」が生まれて、それが力を持ってしまうのです。

不思議だと思いませんか？

今までずっと「世間」の話をしてきました。

まだまだピンと来ない人がいるかもしれません。

「世間」は中途半端に壊れて残りました。

そして、よりカジュアル化して、どこにでも現れるようになったのが「空気」なのです。

難しい言葉では「流動化《りゅうどうか》」と言いますが、**「世間」という大きなものが、くだけて、日常的になり、いろんな場面にいろんな形で現れるようになったのが「空気」なのです。**

軽くはなりましたが、一度、「空気」が定着すると、強力な力を持つようになります。

なにせ、大本が「世間」ですからね。

ですから、「世間」という言葉を聞いたことがない人も、「空気」「雰囲気」「ムード」「ノリ」「流れ」なんて言葉で「世間」が日常化したものと出会っているのです。

僕は、演劇の演出家なので、ワークショップという表現のレッスンをする時があります。

30人ぐらいの参加者が集まり、まずは、丸く車座に座ります。

そして、順番に自己紹介をしていきます。

その時、最初の人が、「自分の名前、年齢、出身地」だけを言い、そのまま、次の人もその次の人も、同じことを言うと、いつのまにか、全員が「自分の名前、年齢、出身地」だけを言うようになります。

「ああ、日本的な現象だなあ」と僕は思います。「世間」が日常化した「空気」に支配されて、「自分の名前、年齢、出身地」だけを言うことが、半ば命令のようになっていくのです。

海外でワークショップをやり、自己紹介すると、こんなことは絶対に起こりません。それぞれが、勝手に自分の好きなものとか性格とか得意なこととかをバラバラに話します。

日本でも、たまに、6番目か7番目の勇気ある参加者が、「自分の名前、年齢、出身地」ではなく、「名前、好きな映画、好きな食べ物」を語る時があります。場にはホッとした「空気」が流れます。そして、「空気」は突然変わります。

次の参加者からは自由に話し始めるのです。「空気」は変わるのです。どんなに支配的に見えても、大物司会者がいない限り、固定的ではないのです。

「空気」や「雰囲気」「ムード」「ノリ」なんて言葉で表されるものの正体は、「世間」が日常化したものですから、「世間」の特徴を知ることで見えてきます。

なので、「世間」の正体の話を続けましょう。

じつは、**「世間」には、5つのルール**があります。

それをひとつひとつ見ていきます。

13

「世間」のルール1

年上がえらい

1つ目は、「**年上がえらい**」ということです。

「世間」は、とにかく、年上であることを大切にします。

これは日本だけではなく、例えば韓国もそうです。儒教《じゅきょう》という考え方に基づいています。

逆に言えば、欧米は「年上」であることは問題にしないのです。

英語で、brother と sister という単語を勉強した時に、疑問に思ったことはないですか？

「She is my sister」という文章を英語では普通に見ますが、これは、「彼女は私の姉妹です」としか訳せず、姉なのか妹なのか分からないのです。

つまり、アメリカ人の友達の家に遊びに行き、もう一人の女性が現れて、友達が、

「She is my sister」と言っても、それが彼女の姉なのか妹なのか分からないのです。分からなくても、アメリカ人は平気なのです。つまり、年上か年下かは、問題にしないのです。

びっくりするでしょう？

日本人にとっては、姉なのか妹なのか、兄なのか弟なのかは大問題じゃないですか。

でも、欧米人は大した問題じゃないのです。

どうしても、姉とか妹と言いたい時は、「big sister」とか、「young sister」とか言うのです。

でも、兄弟・姉妹を紹介する時は、通常、「brother」「sister」だけです。

兄弟だけではなく、日本人は相手の年齢が自分より上か下かは大切な問題です。

それによって、言葉づかいを変えなければいけないからです。

同い年ならタメ口で話せますが、もし、学年がひとつ上だと分かったら、一応、丁寧《ていねい》な言葉を使わないといけないと思っている人は多いでしょう。

年上を無条件で敬わないといけないというルールが「世間」です。

どうですか？　これは素敵なことなんでしょうか？

僕は納得できませんでした。

だから、中学の時から、「先輩だけど尊敬できない人」に対しては、先輩扱いしませんでした。

その代わり、「尊敬できる先輩」はうんと尊敬しました。「尊敬できない先輩」からはいじわるされましたが、「尊敬できる先輩」が助けてくれました。

尊敬できないのに、尊敬している振りをするのがどうしてもイヤだったのです。

考えてみると、歳だけで人間のつきあい方を決めるというのは、じつに楽な方法です。

この人は年上だから言うことを聞いておこうとか、こいつは年下だから命令しておこう、というのは、考える手間をはぶいてくれます。

でも、人間関係というのは、そんなに単純なものではありません。

年下だけど尊敬に値《あたい》する人もいれば、年上だけどまったく尊敬できない人もいます。

今、あなたは部活で先輩の言うことを「はい、はい」と聞いているかもしれません。

でも、大人になると、そんなに単純なことではなくなるのです。

例えば、大学だとクラスメイトが受験浪人していたりすると、「同級生なのに年上」なんて人と出会うことになります。

自分が浪人した場合は、「同級生なのに年下」となります。

ビジネスマンが大学に来ていたら、「うんと年上なのに同級生」なんて場合も起こります。

あなたが働き出すと、「年下なのに上司」なんて人に出会うこともあります。「年上なのに部下」という場合もです。

ただ、歳だけで人を判断できなくなるのです。


江戸時代、みんな村や商家や武家にいた時は、年齢がすべてでした。

大人になっても、年齢で判断していればすみました。

日本を代表する映画監督黒澤明《くろさわあきら》の『七人の侍《さむらい》』を見たことはありますか？　まだの人は

ぜひ見て欲しいのですが、これは、野武士《のぶし》という強盗《ごうとう》に、収穫の時期に毎年襲われる村の話です。

困った村人は、村の長老に相談しに行きます。年上が尊敬されていたのです。長老は、野武士と戦うために、「武士をやとえ」と言うのですが、それは映画のお楽しみ。

とにかく、重要なことは、「年上の人が重要な判断をしていた」ということです。

でも、今、「世間」は中途半端に壊れています。年上というだけでは、誰も判断を求めません。長老なんて存在もなくなりました。もう、年齢だけに頼るわけにはいかないのです。

世間のルールは、「年上がえらい」ということですが、それが、完全には通じなくなったということを知っておいた方がいいでしょう。

今から、ただ年齢だけでつきあい方を決めてしまうのは、とても損だと思います。将来のためにも、**年齢だけに頼らないつきあい方の練習**をした方がいいのです。

14

「世間」のルール2
「同じ時間を生きる」ことが大切

これが、「世間」の2つ目のルールです。

「世間」に生きている人は、「あなたと私は**同じ時間を生きている**」と思っているのです。

どういうことか、具体的に説明します。

あなたが、土曜日に先輩からおごってもらったとします。

あなたは月曜日、学校に行って先輩に会ったら、「土曜日はありがとうございました」

とお礼を言うでしょうか？

多くの日本人は、週末、先輩や上司にごちそうになると、月曜日に「先週はごちそうさまでした」と言います。

あらためて、感謝の言葉を言うのです。

それは、先輩や上司と「同じ時間を生きている」と思っているからです。欧米で、同じことを言うと、「ん？　わざわざ、ごちそうさまでしたと言うということは、今週、またおごって欲しいということか？」と思われます。

日本の会社は、電話をして名前を言うと、「いつもお世話になっております」と案内の人(女性が多いです)は言います。

あなたが初めて電話をしても、間違いなく言います(大企業ほどこの傾向があります)。それは、「我が社に電話してくれるということは、今までずっとつきあってくれているに違いない」と思っているからです。

あなたと私はずっと同じ時間を生きていると思っているのです。

「これからもよろしくお願いします」というのは、英語に翻訳することができません。日本人としては、「これから先、同じ時間を過ごしますから、うまくやっていきましょう」という意味だと分かりますが、前提となる「これから先、同じ時間を過ごしますから」ということが、英語では伝わらないのです。

もちろん、通訳さんはプロですから「あなたと仕事ができて嬉しい」とか「いい関係を築いていきたいです」とか、欧米人にも理解できる言い方に翻訳して伝えますが、日本語のニュアンスとは違います。

私達は、「同じ時間を生きる」ことが大切だと考えるので、同じ時間を生きれば生きるほど、仲間だと思う傾向があります。

何もしなくても、一緒にいるだけで価値があると考えるのです。

日本の会社は、世界的なレベルで残業時間が多いです。「過労死《かろうし》」は、英語になりました。「karoshi」です。

その一番の理由は、「上司がいると帰れない」「社員全員が同じ時間を過ごすことが大切」という意識です。

仕事をするかどうかではなく、同じ時間を共にし、会社にずっと居続けることが重要だと思われているのです。

あなたにも経験ないですか？

クラブ活動でも、とにかく長時間、部活に関わっていればいるほど評価される傾向がありませんか？

試合の成績がいい人が評価されるのはもちろんですが、それだけじゃなくて、どれだけみんなと一緒にいたか、みんなと共に時間を過ごしたかで評価されるということはないですか？

それは、お互いが同じ「世間」に生きているという確認です。一緒にいる時間が長ければ長いほど、お互いが同じ強い「世間」に生きているということになります。

逆に言えば、会社やグループ、部活などで集団行動をする時、一人、「私帰ります」と言ってみんなと違う時間を過ごすと、「世間」から外《はず》されてしまうのです。

違う時間を生きている人間は、「世間」の人ではない、と思われてしまうのです。

もっと激しい例だと、日本社会の特徴である「親子《おやこ》心中《しんじゅう》」があります。

親が（母親が多いですが）、自分の子供と一緒に自殺するケースは、親が「自分の子供も自分と同じ時間を生きている」と思わなければ実行できません。

欧米からすると、母親は子供を殺したただの殺人者になりますが、日本だと「母親が子供のことを心配した結果」と思われたりするのです。

子供が助かった場合、新聞やテレビのマスコミは「幼い子供が残された」と表現します。「幼い子供が生き残った」と書いても「幼い子供が助かった」とは書きません。

それは、親と子供が共通に生きている時間から、子供が取り残された、と考えているからです。

僕は1年間、イギリスに留学しました。夕方の6時になると、パブというイギリスの居酒屋は、スーツ姿のサラリーマンで溢《あふ》れました。みんな、楽しそうにビールを飲んでいました。

僕はその光景に驚きました。

こんなに早くからビールを飲んでいて、イギリスの会社員は仕事をしてないのかと思うかもしれませんが、イギリスの経済は好調だったのです。

一方、日本は、夜遅く終電近くまで働いても、不況は続いていました。

ただ同じ時間を過ごすことは意味がない、ということです。

最近は、日本でも、上司の酒の誘いを断る若い社員が増えました。

ちゃんと会社で仕事をしていたら、その後はプライベートの時間を大切にしたいと思う人が増えたのです。

僕は、これはとてもいいことだと思っています。

あなたもやがて社会人になり、上司や先輩から飲み会に誘われる時が来るかもしれません。

その時、イヤだなあ、行きたくないなあと思ったら、勇気を持って「私は帰ります」と言って下さい。

心配はないです。どんどん、そう言う人達が増えてきました。

それが当り前の社会になれば、無理して「同じ時間を過ごす」ということが求められなくなるでしょう。それが仲間の証明にならない時代です。

逆に言えば、「長い間同じ時間を過ごす」ことしか、仲間であるということを確かめる手段がない、というのは悲しいことだと思います。

僕は演劇の演出家だと書きました。舞台は、1カ月半ほど稽古《けいこ》して、1カ月から2カ月、公演をします。公演の最後の日には、「打ち上げ」というものをします。

みんなで共に過ごした時間に区切りをつけようとするわけです。

演劇だけではないですね。スポーツも大会が終わった後とかにやるでしょうし、文化祭や体育祭が終わった後にも、区切りの打ち上げをするでしょう。

僕はイギリスで2度、芝居を演出しました。自分の書いた芝居を英訳して、イギリス人俳優が出演しました。

驚くことに、公演の最後の日、「打ち上げ」はありませんでした。1カ月稽古して、1カ月公演があったのに、最後の日が終わると、そのまま、解散しました。

「世間」がない欧米では、お互いが「共通の同じ時間を生きている」とは思っていないので、わざわざ、打ち上げという形で時間に区切りをつける必要がないのです。

ただ、飲みたい相手とだけ飲みに行きます。僕も公演の最後の日、俳優と一緒に、終わった後飲みに行きました。

飲みに行く人がいて、普通に帰る人がいる。それだけです。

帰る人のことを誰も責めません。同じ時間を過ごすことの強制がないのです。「世間」というものがないのだから、同じ時間を過ごす必要がない、とも言えます。

これは日本人からしたらすごいことです。あなたが例えばバスケット部に所属していて、大会があって、3回戦まで勝ち進んだけど、残念なことにそこで負けてしまった。

日本だと、ふつう、残念会(打ち上げ)を開いて、全員で食事して、話します。

でも、欧米だと、公式にはそんな会はまったくなくて、食べたい奴が食べたい奴とだけ会って話すのです。「世間」がない、というのはそういうことなのです。

打ち上げがないからと言って、仲間じゃなかったのかというと、そんなことはありません。

僕の演劇に出てくれたイギリス人俳優は、素敵な人達でした。ただ、**同じ時間を過ごすことが、仲間であることの唯一の証明ではない**、ということです。

15

「世間」のルール3
贈り物が大切

「世間」の3つ目のルールは「**贈《おく》り物が大切**」ということです。

日本人は、贈り物をすることで、お互いを「世間」の人間だと確認するのです。

あなたが友達の家のパーティーに招かれる時、何かを持って行きなさいと親から言われませんか？

手ぶらで訪ねてはいけないと言われたことはありませんか？

日本人は、贈り物をすることで、同じ「世間」に生きていると確認します。

海外に引っ越した日本人は、日本でやっているように隣近所に引っ越しのプレゼントをします。伝統的にはタオルとか石鹸《せっけん》とかです。

これが海外では理解されません。「タオル会社につとめているんだろうか？」とか「石鹼を売り込むつもりなんだろうか？」と思われています。

引っ越したと挨拶《あいさつ》するだけではなく、わざわざ、物を贈ることが理解されないのです。友達の家に招かれると、海外に住む日本人は手土産《てみやげ》を持っていきます。欧米人は驚きます。彼らは、必ず持っていくということはありません。もちろん、駅前でイチゴが安売りしていたとか、ワインをもらったとか、スイーツを作ったとかいう場合は、手土産として持っていきますが、「手土産を持っていかないことはとても失礼」という文化はありません。

日本では、何かをもらったら、必ず、返さないと礼儀知らずと思われる傾向があります。結婚式の御祝儀《ごしゅうぎ》も、葬式の香典《こうでん》も、すべて、もらったらいくらかを返すことが礼儀だとされています。

お中元《ちゅうげん》やお歳暮《せいぼ》というものもあります。聞いたことがあるでしょうか？

学生だと、まだ馴染《なじ》みのない世界ですが、やがて、「贈り物の関係」に放り込まれるかもしれません。

これが始まったら「ああ、同じ『世間』に生きてるんだ」と思えるでしょう。

そして、僕は、このことにも批判的です。物でお互いの関係を確認するしかないのは、なんだか、つまらないと思っています。

そして、そう思う日本人も増えてきました。あなたが働くようになった時、お歳暮やお中元を贈り合う習慣は、少しは減っているかもしれません。

16

「世間」のルール4

仲間外れを作る

「世間」の4つ目のルールは、「**仲間外れを作る**」ということです。

「世間」は、ひとつにまとまるために「仲間外れ」を作ります。

これは理解しやすいかもしれません。

江戸時代、ひとつの村がまとまれたのは、隣村《となりむら》があったからです。

「世間」は、常に、自分達ではない人達の存在を意識することで、そのまとまりを強くします。

例えば、仲間うちだけで通じる言い方、仲間うちだけで通じるサインやアクションを選ぶのも、「世間」の特徴です。

他の人達が知らない、他の人達に分からないというルールが、「世間」の人達を強く結びつけるのです。

隣村を意識するだけではなく、村の中に「仲間外れを作って」、村のまとまりを強くするという方法もあります。

いじめは、世界中にあります。

でも、日本にしかないいじめの形があることを知っていますか?

クラスがまとまって、一人を選び、その一人を徹底的《てっていてき》に無視するいじめです。これは、とても日本的ないじめです。

世界で起こっているいじめは、いじめる人がいて、いじめられる人がいて、それを見ている人、とめる人、面白がる人、無視する人と、いろんな人がいるいじめです。

日本のいじめだけが、クラスがひとつになって、一人をいじめる、ということが起こるのです。

このいじめの場合、いじめは順番に回ってくる、ということもよくあります。

いじめられる人をかばったりすると、自分の番になってしまういじめです。

これは、クラスが「世間」として、強力にまとまってしまっている状態です。

「世間」は、まとまりを強くするために、意識的にも無意識的にも、「仲間外れを作る」のです。

逆に言えば、「世間」のまとまりを強くしたい人は、外部か内部に「仲間外れを作り」ます。そうして、「世間」のメンバーの意識を、その人に集中させるのです。

クラブ活動で、みんなのまとまりを作りたいから、ライバルの学校のことを常に意識するようにする、なんてことなら、たいした問題ではないでしょう。けれど、部活のまとまりを作るために、一人、イケニエを選んで、その人を攻撃する、なんてことになったらやっかいです。

もし、先輩が仲間の誰かをしつこく攻撃し始めたら、「ああ、先輩はまとまりを作るために、あいつをイケニエにしようとしてるんだ」と見抜いて下さい。

できるなら、「あいつはそんなに悪くないですよ」と言えるといいです。

先輩の一方的な計画は、そんなこと一言でとめられたりするものです。

これは、「世間」との戦い方のところで、もっと詳しく書きます。

17

「世間」のルール5
ミステリアス

「世間」の5つのルールの最後は、**「世間」はミステリアス**ということです。

つまり、神秘的《しんぴてき》であり、不思議であり、理屈を超えているのです。

例えば、クラブ活動で「うちはいつもそうしている」とか「昔からそうやっている」

「なぜか分からないけど、そういうものだ」ということはないでしょうか？

それは、「世間」が持つミステリーです。

その「世間」にしか通用しない方法があるのです。

よくよく考えると、全然、合理的でないとか、効率が悪いとか、二度手間になっている、
なんてことです。

それでも、昔からそうしているから、みんな続けているのです。

無意味な校則の多くは、これです。

なぜ、こういう規則なのか、ストッキングの色や靴下の色、ひどい場合は下着の色まで校則で決めることが、どうして非行防止に役立つのか、どういうふうに生徒のためになるか。合理的に説明できる人はいないと思います。

ただ、昔からそうしているから、そうしているだけです。

「世間」は理屈が通じない、と言ってもいいと思います。

いい意味では、例えば「昔、仲間といつも行っていたお店がある。そこには、昔の思い出がたくさんある。だから、今、もっと安くて素敵なお店ができたけど、やっぱり、そのお店にみんなで行ってしまう」なんて場合です。

あとから、そのグループに入った人は、「どうして、もっと安くて美味しいお店があるのに、ここに行くんだろう」と思ってしまうのです。

古いしきたりやお祭の手順、儀式なんかには、ミステリアスなことが多いです。

「世間」のまとまりを作るために、いつのまにかそうなってしまった、なんてこともあります。

　または、「世間」が強力にまとまっている結果、そうなってしまった場合もあります。

　あなたは、小学1年生はどうして、みんなランドセルを背負うのだろうと疑問に思ったことはないですか？

　日本中の小学1年生はランドセルを買います。なかには、「ランドセルはイヤだなあ」と思っている小学1年生がいるはずだと、僕は思っています。

　でも、みんなランドセルを背負います。あなたの周りに、ランドセルを拒否した人はいましたか？

　僕が知っているのは、ランドセルを持たないで小学校の6年間をつらぬき通した人と、ランドセルを拒否して学校に行って、すぐに校長先生から「和《わ》を乱《みだ》すので、ランドセルにして欲しい」と言われた人です。

「和を乱す」というのは、典型的な「世間」の言葉です。

　その地域が比較的都会で、「世間」が強くない場合は、ランドセルではなく手提《てさ》げバッグやおしゃれなリュックタイプでも許されることがあります。

田舎とか町で「世間」が強く残っている所は、ランドセルを選ばないと、いろんなプレッシャーがあるようです。

あなたはまだ想像できないかもしれませんが、大学4年生になり、就職活動をする時、日本の若者は、全員が黒のリクルート・スーツという服を着ます。

これもまた、日本に「世間」が強く残っている証拠です。黒のリクルート・スーツを着て面接に行かないと受からないと思われているのです(本当かどうかは、まったく分かりません。会社の人達が「そこまで同じにすることはない」と言ったりしています)。

ランドセルも黒のリクルート・スーツも、なぜ日本中の小学1年生が背負わなければいけないのか、なぜ大学4年生が着なければいけないのか、まったく理屈は分かりません。まさにミステリアスです。

でも、だから「世間」なのです。

18

「世間」はなかなか変わらない

以上が、「世間」の5つのルールです。

こういうルールを持つ「世間」は、なかなか変わりません。

5つのルールを紹介しながら、僕は「少しずつ変わってきている」なんて書きました。

もっともっと変わっていって欲しいと思っています。

「世間」の悪い面は、意識的に変えようと思わないとなかなか変わりません。放っておいて自然に変わるということはないのです。

それにも理由があります。

どうして、「世間」はなかなか変わらないのか。

「世間」というのは、生まれた時からそこにあって、これからもずっと続いていくものだと思われています。

まさにミステリアスです。

もちろん、「世間」は、誰かに押しつけられたものでもないし、命令されたものでもありません。

日本人の心の中に、自然に生まれたものです。

長い間、日本は稲作が中心でした。

温暖で雨の多い、米作りに適した風土で、稲作は日本に広がりました。

農業が中心の社会を、農耕社会と言います。

一方、西洋は、文明の生まれたギリシャがそうですが、農業に適した土地は多くありませんでした。代わりに、狩りが広がりました。

野生の動物を狩ることで生活していたのです。これを狩猟《しゅりょう》社会と言います。

農耕社会と狩猟社会、聞いたことがあるでしょうか？

農耕社会は、集団生活が基本です。稲作は集団でないと作れませんでした。

人間関係の基本が集団生活でした。

江戸時代の村もそうですが、これが「世間」の始まりです。

狩猟社会は、一人または数人での生活が基本です。野生のウマやウシ、ブタなどを追い詰めて行き、しとめて、解体する作業は個人で行いました。

ここから、西洋の個人主義が生まれました。集団で考えるのではなく、個人が基本になったのです。

アジアは、みんなで分業しながら農作業を続けました。広い田んぼにみんなで田植えして、みんなで刈り取りました。集団的な考え方が基本になったのです。

ならば、アジアの各地に「世間」は生まれてもおかしくないと思いませんでしたか？

でも、中国やフィリピンなどアジアの国に「世間」はありません。

それにはもちろん、理由があります。

例えば、中国は、漢民族の国ですが、何度も何度も、異民族に侵略《しんりゃく》、支配されています。

襲ったのは昔のモンゴルやトルコの人達です。

結果的に、中国に「世間」は生まれませんでした。侵略されて、違う言葉、違う文字の人達に支配されるのです。みんな同じという「世間」が育つはずがないのです。

中国の歴史は長いですが、中国全土を支配した漢民族の王朝はただの4回だけです。

それ以外は、異民族が支配する王朝でした。

日本は、異民族に支配されたことは一度もありません。

いつも、言葉の通じる人達がやってきて、支配しました。

その間、殿様《とのさま》は変わっても、「世間」は残りました。新しい殿様は、村を潰《つぶ》す必要はなかったのです。以前と同じように、稲作を続けることが村に求められました。

ですから、村人にとって、村という「世間」は、ずっと続くものだと思われたのです。


「元寇《げんこう》」を知っていますか？　鎌倉時代に、中国の元《げん》王朝が日本に二度攻めてきた歴史的事件ですね。

もし、この時、日本が負けて、元の支配下になっていたら、「世間」はなくなっていたかもしれません。

異民族は異文化を持ち込みます。そして、今ある文化を否定します。

中国の歴史はその繰り返しです。

そういう世界に生きていると、「次はどうなるか分からない」「今、何が起こっているのかはっきり確認しよう」「身をまかしている場合じゃない」という考え方が生まれます。

だって、侵略者は自分の知らない言葉をしゃべっているんですよ。何されるか分からないでしょう?

実際、元王朝はモンゴル民族で、漢民族の中国を侵略し、自分達の国を作ったのです。

でも、日本は一度も異民族の侵略はなかったと書きました。

代わりに、日本を襲ったのは、天災でした。地震、大雨、津波、日照《ひで》り。

こういう時、人はなんと言うか分かりますか?

「しょうがない」と言うのです。

地震に怒っても、日照りに文句を言っても「しょうがない」のです。だから、日本人は苦労や苦難に対して「しょうがない」と受け入れるようになったのです。

もし、元王朝が勝利して、日本中を支配したとしたら、日本人は決して「しょうがない」とは言わなかったでしょう。

「みてろよ。絶対にもう一回戦って、勝って、お前たちを日本から追い出してやる」と思ったはずです。

実際、中国の漢民族の人達は、何回もそう思いました。そして戦ったのです。そういう民族は「しょうがない」という言葉は連発しません。「しょうがない」と思っている場合ではないからです。

実際、英語でも、「しょうがない」という言葉はあまり使われません。

一番、ニュアンスが近いのは、「It cannot be helped」ですが、僕はアメリカ人やイギリス人がこう言っているのを聞いたことがありません。

これは、とても「負け犬(loser)」の匂いがするのです。

ぎりぎり、「We have no choice」です。これは、彼らも口にしますが、「私達はやれることはぎりぎりやった。でも、他に方法がない」というかなりポジティブな意味で、「しょうがない」のあきらめとは違います。

私達日本人は、とても「しょうがない」という言葉を連発する民族なのです。

あなたはどうですか？

何かあると、「しょうがない」と言っていませんか？　それは、あなたの性格というより、あなたの身体の中に流れる日本人の記憶です。

とりあえず「しょうがない」という言葉で現実をスルーするか受け入れるのです。そういう考え方が身についているのです。


さて、これで、どうして「世間」がなかなか変わらないか、その理由が分かったでしょうか？

「世間」は、明治時代まで、一度も壊されることなく続いていたから、とても強力なものになったのです。

もし、一度でも、日本人が異民族に支配されていたら、「世間」はかなり変わっていたと思います。うんと弱くなっていたか、なくなっていた可能性があります。

でも、続いたのです。ずっと続けば、それは強力なものになるのです。

そして、「人の頼みを断るのがつらいヒミツ」で書いたように、めぐりめぐれば、私のために「世間」は存在しているので、無理に「世間」を変えたり、廃止したりするものではないと思ってしまうのです。

自分のためにいろいろとしてくれるものをやめるのはおかしいと、考えるのです。

そうすると、どんなことが起こるかというと、「身をまかす」ということが日本人の特徴になります。

今ある状態を受け入れ、文句を言わず、従うということです。

よっぽどのことがない限り、私達は決められたことに身をまかします。

僕が以前、エジプトに旅行に行った時のことです。

現地のガイドに連れられて、ピラミッドに行くツアーに参加したら、途中でいきなり土産物《みやげもの》店に案内されました。

何も買うつもりがなかったので、店を出ようとしたらドアにカギがかかっていました。

驚いてガイドに言うと、ガイドは、「一人一品、何かを買って下さい」と当然のように言いました。

何人かの日本人は「えーっ」と困った声を上げましたが、なんとなく安そうな物を選び始めました。英語で「それはおかしい」と議論することが苦手なことと、ガイドがあまりにも当然という顔をしていたことが理由です。

ところが、ツアーの中にいたアメリカ人が猛烈《もうれつ》に抗議を始めました。「私は何も買うつもりがない。ただちにドアを開けろ。こんなことをして許されると思っているのか？」

最初、ガイドはニヤニヤと笑って無視しようとしましたが、アメリカ人の怒りがあまりにも強いので、とうとうドアを開けました。そして、私達日本人もお店を出ることができました。

僕は、アメリカ人の強烈な抗議の態度を見ながら「日本人はここまで強烈に主張できるだろうか」と考えてしまいました。

間違った「社会」を変えるために、とことん戦うというアメリカ人の姿勢でした。

日本人だと、まあ、とんでもないけど、「しょうがないか」と思うのではないかと感じました。

私達は、どうしても、「身をまかす」ということが基本になるのです。

外国人が日本のレストランに入って、とても驚くことが「おまかせ」というコースがあることです。

冗談のようですが、本当ですよ。

あなたはまだ「おまかせ」で食べたことはないですかね？　大人は、やります。

そのお店のマスターや店長を信頼して、「おまかせ」にするのです。日本料理、特にお寿司なんかが一番ポピュラーですね。

外国人は、こういう時、まかせません。何が出てくるか分からないからです。まかせて、とんでもないものが出てきても、文句は言えません。まかせると、最初に言ったからです。

だから、外国人はまかせないのです。

でも、日本人はふつうにまかせます。

それが日本文化です。

もちろん、それでうまくいけば問題はないです。

でも、うまくいかないことは起こります。高級なレストランやお店では、「おまかせ」

で幸せになっても、あなたや僕の日常では、なにかにまかせることで、とんでもないことが起こることはあるのです。

ちゃんとチェックして、自分の目でリアルタイムに判断することが必要なのです。


ニュースを見れば、世界ではいろんな所でデモが起こっています。

世界の人々はいろんなことに身をまかせないで、反対しています。「格差社会」という金持ちと貧乏人の収入の差の広がりに対する抗議だったり、自動車燃料増税に反対したり、海外からの移民を受け入れることに反対したり、そもそも大統領の政策に反対したりして、いろんなデモをします。

「社会」を自分達の理想に近づけようと戦うのです。

日本では、デモはほとんど起きません。

「世間」はすでにあって、これからもずっと続くものと思われているからです。「世間」は、変えるものでなく、そこにあるものと思ってしまうのです。

「世間」や、そして「社会」が思い通りにならない時は、日本人は「世間」や「社会」

を変えようとするのではなく、「しょうがない」という言葉でやりすごします。天災と同じだと思うのです。

「しょうがないよ」「しょうがないさ」「しょうがないもん」と、やりすごしたり、ガマンしたりするのです。

とても、残念なことだと僕は思っています。自分達の生きている「世間」や「社会」をよりいいものにするのは、私達の権利であり義務でもあると思っているのです。

暴力的な手段は絶対にダメですが、世界の国々のように、**「世間」や「社会」に身をまかさないで戦う**必要があると僕は思っているのです。

19

5つのルールと戦い方

さて、「世間」の5つのルールの話に戻ります。
確認しましょう。

1 年上がえらい
2 「同じ時間を生きる」ことが大切
3 贈り物が大切
4 仲間外れを作る
5 ミステリアス

というのが、「世間」の5つのルールです。

強いか弱いかの違いはありますが、あなたが日本に生きている限り、いろんなレベルで「世間」はあなたをコントロールしようとします。かつては、ランドセルでした。やがて、黒のリクルート・スーツと出会うでしょう。

「世間」の5つのルールをはっきりと意識することは、「世間」とうまくつきあったり、戦ったりするためには必要なことです。

「はじめに」で書いた文章をもう一度、書きます。

どうしてこんなに、人の頼みを断るのが苦しいのか？

どうしてこんなに、周りの目が気になるのか？

どうしてこんなに、先輩に従わないといけないのか？

どうしてこんなに、周りに合わそうとしてしまうのか？

どうしてこんなに、ラインやメールが気になるのか？

どうしてこんなに、なんとなくの「空気」に流されるのか？

「世間」と「社会」とは何かを分かってきたあなたには、もう、この理由がなんとなく見えてきたんじゃないでしょうか？

1つ目の、「**どうしてこんなに、人の頼みを断るのが苦しいのか？**」の理由はもう、分かりましたね。

大切なことだから、もう一度、書きます。

あなたも僕も「世間」のイメージに支配されて、「私のためを思って言ってるんだ」と思ってしまうからです。

2つ目の「**どうしてこんなに、周りの目が気になるのか？**」は、まさに、「世間」そのものですね。

あなたが「世間」に生きている限り、周りの目を気にしてしまうのです。でも、あなたは、あなたの「世間」を気にしているのか、「世間」の記憶に振り回されているだけなのかは、ちゃんと区別した方がいいです。

記憶に振り回されるというのは、じつは、そんなに強力な「世間」じゃないのに、勝手に思い込んでいる場合です。

集合写真を見ると、たまに、自意識ビンビンの顔で写っている人がいます。みんなに見られていると気にしています。

でも、誰も見ていません。本人が勝手に思い込んでいるだけです。私達は、自分のことを気にしているほどには、他の人を気にしていません。でも、自意識ビンビンの人は、みんなが自分を見ていると思っているのです。

それは、単なる思い込みです。

「世間」に関しても、そういうことが起こります。

勝手に、強力な「世間」だと思い込んでしまうのです。

3番目の「**どうしてこんなに、先輩に従わないといけないのか？**」は、典型的な「世間」のルールですね。ジャイアンや厳しいクラブの先輩以外のつきあい方は書きました。

4番目の「**どうしてこんなに、周りに合わそうとしてしまうのか？**」は、2番目の疑問と同じです。

あなたの周りの「世間」が、強力だと思い込めば、「周りに合わさないといけない」と強く思ってしまいます。

でも、それほど強くなければ、あなたが思い込んだだけのことです。

本当に強いかそうでもないのかの見分け方は、ひとつは、「6　根強く残る「世間」」で書いたように「みんな、あんたの悪口を言ってるよ」と言われた時の気持ちです。

または、「周りに合わさないと、江戸時代の村みたいに無視されて、やがて死んでしまうのか？」と問いかけてみて下さい。「周りに合わさないと、村八分じゃなくて、クラス八分、塾八分、グループ八分、クラブ八分にされてしまうのか？」と自分に問いかけるのです。

「村八分」の説明もしました。徹底的な無視ですからね。もし、「クラス八分」とか「クラブ八分」があるとしたら、誰も口をきいてくれない、ということですから、それはもう、残酷《ざんこく》ないじめです。

「周りに合わさないと、全員が口をきいてくれなくなるだろうか？」と問いかけるのです。そんな場合は、めったにないと僕は思います。

もし、そうなりそうな時があったら、どうするかは、この後に書きます。

5番目の「**どうしてこんなに、ラインやメールが気になるのか？**」は、分かりますね。「世間」が強力なものだと思い込んで、そこからはみ出さないように、仲間外れにならないように、返信に必死になってしまうということです。

でも、あなたが生きてるのは、本当に強力な「世間」でしょうか？ 強い「世間」だと思い込んで、必死に返信している、ということはないですか？

または、ただの「空気」ということはないですか？ なんとなく、ラインやメールをすぐに返信しないとまずいと思い込んでないですか？

6番目の「**どうしてこんなに、なんとなくの『空気』に流されるのか？**」という理由も分かるでしょうか？

「空気」というものは、「世間」がカジュアル化、日常化したものだと言いました。

じつは、**「世間」の5つのルールのうちどれかが欠けているものが、「空気」になるのです。**

「空気」の時に出した例で説明しましょう。

あなたが、友達何人かと日曜日、どこに遊びに行くか相談している時。なんとなく場の流れが「遊園地」になりつつある。でも、あなたは、「映画」に行きたいと思っている。でも、場の流れがすごく強力で、あなたは言い出せない。

この時、「世間」の5つのルールのうち、欠けているものはなにか分かりますか?

仲の良い友達同士ならいつも一緒にいて、「同じ時間を生きて」いるはずです。おごったり、おごられたりして「贈り物」の関係もあるでしょう。

友達のグループだということは、誰かを入れて、誰かを外したはずです。だから「仲間外れ」を結果的に作ったことになります。いじわるとかじゃなくて、誰かと集まるということは、誰かとは集まらないということですから。

そして、友達グループをそれなりに続けていると、仲間内でのミステリアスな約束事ができているでしょう。いつも遊ぶ場所はどこだとか、なんとなく遊びの連絡の順番が決まっている、とかです。

さあ、欠けているルールはなんでしょう?　分かりましたか?

そうです。「年上がえらい」というルールです。

あなたが友達と話している時、誰も年上はいません。これが、強力な司会者がいない、ということです。

だから、「空気」は突然、変わる可能性があるのです。

もし、この時、一人、先輩が混じっていたら、先輩の意見は絶対でしょう。先輩が「遊園地！」と言えば、議論する必要もなく、みんなが遊園地に行ったはずです。

けれど、年上は、いません。だから、「空気」は絶対ではないのです。変わるのです。

それでも、５つの「世間」のルールのうち４つがあると、なんとなく逆らえないような気持ちになってしまいます。


空気に対抗するためには、**「裸の王様作戦」**です。

アンデルセン童話の「裸の王様」は知っていますね。愚《おろ》か者には見えない服を着た王様に対して、子供が「王様は裸だ！」と叫ぶのです。

大人達は、みんな内心、「裸なんじゃないだろうか」と思っていたのですが、「バカには見えないわけだから、見えないって言ったら、オレはバカだと思われる」と「空気」に負けて、言い出せなかったのです。

その「空気」を変えたのは、子供のたった一言です。

「王様は裸だ！」と叫べば、がらりと「空気」は変わるのです。

友達とどこに行くかの相談をしていて、「遊園地」に決まりそうな「空気」になってきたら、「絶対に『遊園地』に行きたいのは誰？」と、突然、聞いてみる、なんて方法です。

「絶対」と言われると、みんな、「いや、絶対というわけではないなあ」とためらうことが多いです。

その時、あなたが「なんだ、絶対じゃないんだ。じゃあ、他の場所も言っていい？」とあらためて言うのです。

「裸の王様作戦」は、今、決まりつつある「空気」をはっきりと話題にする作戦です。

みんなが、心の中で思っていることを、思い切って言ってみるのです。

僕がワークショップをやる時、自己紹介が「名前、年齢、出身地」だけになる時があると書きました。

そういう時に「なんだか、言うことが『名前、年齢、出身地』だけになったけど、そういうルールですか？」と思い切って口にするのです。

間違いなく、みんなは首を振るでしょう。そしたら、「じゃあ、僕は好きな映画の話をしますね」と続けるのです。

そうすることで、「空気」は簡単に変わります。

「世間」の5つのルールのどれかが欠けたまま成立している「空気」は、変わるのです。

でも、それが「空気」の怖さとも言えます。「空気」は簡単に変わるので、なかなか、安心できないのです。

「世間」は変わりません。年上の人がいきなり、年下になるわけはないし、みんなずっと同じ時間を生きています。

ですから、生き苦しさもずっと同じです。

突然、「世間」に苦しめられるということはないのです。

でも、「空気」は違います。

順番に回っていくいじめ、なんかも「空気」によって、コロコロ変わるのです。

そういう時は、まず、強力な司会者がいるかどうかを見極めます。

強力な司会者がいない時は、「空気」は簡単に変わります(多くの場合、強力な司会者は「年上の人」ということです)。

その場合は、「空気」に支配されそうになったら、「裸の王様作戦」を使うのです。


昔、アジア・太平洋戦争中に、竹槍《たけやり》訓練というものがありました。

あなたには信じられないでしょうが、アメリカ軍の大きな飛行機が飛んでくるから、竹を切って作った竹槍で戦う準備をしよう、という訓練です。

もちろん、竹槍で戦えるわけがありません。強制的に訓練を受けたのは、軍人ではなく民間の住民です。

町のおじさん、おばさんは、空に向かって、竹槍を突き上げました。大きな声で、元気一杯に突き上げないと、指導している軍人から激しく怒られました。

訓練を受けているのは、もう大人ですから、内心、「バカバカしい。こんなもので飛行機を落とせるわけがない。飛行機どころか、アメリカ兵に機関銃で撃たれたら、それで終わりだ」と思っていましたが、そんなことを口にしたら、軍人からひどい目にあいました。場合によっては逮捕《たいほ》されて刑務所に入れられました。

なので、みんな、バカバカしいと思いながら、竹槍を突き上げていました。

そんな時、「悔《くや》しいなあ。悔しいなあ。この竹槍だと、アメリカの飛行機に届かない。悔しいなあ」と、訓練をやめた人がいました。

バカバカしいと思って訓練をしないのではなく、竹槍では飛行機に届かなくてあまりに悔しいから訓練ができない。

これでは、指導している軍人も、この人を責めることはできませんでした。アメリカの飛行機を落としたいと思っているのに、竹槍では届かないと悲しんでいるのですから。

悔しくて悲しいから、元気な声で竹槍を空に向かって突き上げられないのです。

もちろん、この人は内心は「バカバカしい。訓練なんかしたくない」と思っていたのです。でも、それを「悔しい」に変えたのです。

これは見事な「裸の王様作戦」です。

「悔しい」という言葉が、場の「空気」を変えたのです。

ですから、「空気」が力を持ち始めても、強力な司会者がいない限り、怖がることはありません。

「空気」は変えられるのです。

20

強力な「世間」との戦い方

では、強力な司会者がいた場合はどうでしょう。
その場合は、「空気」ではなく、「世間」です。
ジャイアンやクラブの厳しい先輩にイヤなことを頼まれた時にどうするか、という話でもあります。

一度、僕は、帰国子女の小学5年生の女の子の相談を彼女の母親から受けたことがあります。

アメリカで育った彼女は、帰国しても、おしゃれで派手な洋服で、日本の小学校に通い始めました。

けれど、しばらくして、そういう洋服を着ることをためらうようになりました。そして、わざと地味でダサい格好をして、学校に行くようになりました。

調べてみれば、彼女はクラスで浮いて、いじめられていました。

それを知ったカメラマンの父親は、「地味な服なんか着ることはない。好きな服を着て学校に行きなさい」と彼女に言いました。

けれど、母親は「そんなことをしたら、ずっといじめられるんじゃないだろうか」と僕に相談したのです。

僕は、「娘さんが戦っている相手は、クラスのいじめっ子ではありません」と答えました。

この本を読んだあなたは、もう、分かるでしょう。

帰国子女の娘さんは、「世間」と戦っているのです。

海外には、「世間」はない、と言いました。アメリカには「社会」しかありません。

繰り返しますが、アメリカのクラスには、いじめっ子もいれば、それを止める子も無視する子も楽しむ子も、いろいろいます。ひとつのまとまりは、ないのです。

でも、日本では、いじめる時は、クラスは「世間」となって簡単にまとまるのです。

「世間」とは日本そのものです。つまり、帰国子女の彼女は、日本と戦っているのです。

これは、かなりやっかいな戦いだと分かるでしょう。ゲームを始めて、いきなり、ラスボスと戦うようなものです。

僕は、この戦いに勝つのは簡単ではないと言いました。

そして、地味な服で登校することをアドバイスしました。

ただし、娘さんに、「今、あなたはいじめっ子ではなく、『日本』と戦っているんだ」と伝えて欲しいと言いました。

そして、「いじめに負けたから、地味な服を着るのではなく、やがて勝つために地味な服を着るんだ」とも伝えて欲しいと。

戦うには、作戦が必要なのです。なにせ、日本というラスボスとの戦いなのです。かなり準備した慎重な作戦が求められるのです。

学校には、地味な服を着て行きます。クラスという「世間」は簡単には変わらないからです。

地味な服の彼女を見て、クラスという「世間」は、やっと自分達の仲間になったと思うでしょう。

でも、家に戻って、友達と遊ぶ時は、着たい服を着るのです。塾に行く時も、同じです。学校以外の場所では、娘さんが着たい派手な服を自由に着るのです。

彼女の親しい友達なら、文句を言うことはないでしょう。塾も、自由な雰囲気の所なら、誰も彼女を問題にしないでしょう。

やがて、一緒に遊ぶ友達が「その服、おしゃれでいいね。私もそんな格好してみたい」と思ってくれたり、言ってくれたりしたら、一歩前進です。

そうやって、クラスで負けて、他の所で勝つのです。

結果として、クラスが変わるかというと、そうはならない可能性の方が高いでしょう。

小学1年生のランドセルは毎年変わらないし、就職用の黒のリクルート・スーツもなかなか変わりません。

でも、**そういう小さな戦いが、この国の大きな「世間」をゆさぶり、変えるきっかけになることは間違いないのです。**

ジャイアンや厳しい先輩から、イヤな頼みごとをされた場合も、もし、それが半年や1年に1回で、ガマンできることなら、僕はやっておいた方がいいと思っています。

でも、それが毎週だったり、本当にイヤな事だったら、「世間」の5つのルールを使って、対抗するのです。

「年上がえらい」というルールがあるから、イヤな先輩の頼みを聞くのです。

ならば、その先輩よりさらに上の人に助けを求めるという方法があります。

その厳しい先輩は、さらに先輩の話を聞くしかなくなります。

例えば、イヤな先輩から、毎週、コンビニの使い走りを要求されて、なおかつ、先輩はお金を払ってくれないとします。

イヤな先輩は、一つ上の人です。あなたはもう一つ上の、つまり二つ上の先輩の所に相談に行くのです。

二つ上の先輩の中に、最低でも一人は尊敬できる人がいたはずです。全員がろくでもない先輩だったということはないでしょう。

その二つ上の先輩の所に行って、一つ上の先輩のことをチクるのではなく、あなたが「本当に困っている」ということを話すのです。

そして、「このままだとつらくてクラブをやめようと思っている」と言うのです。

二つ上の先輩が、「俺があいつに言うよ」と言ってくれたら「ダメです。私がチクったみたいになりますから。私があとあと、怒られます」と言いましょう。二つ上の先輩は、「もし、あいつが怒って、君を殴《なぐ》ったりしたらすぐに言ってくれ」と言うか「いや、お前が言ったんじゃなくて、他の人から聞いたことにするよ」と言ってくれるかもしれません。

とにかく「年上がえらい」というルールを利用するのです。

ジャイアンのような暴力的な人物の場合は、「世間」のルール、「贈り物が大切」を使います。

実際に、のび太はそうやって生き延びています。無理なことを要求されたら、代わりに「贈り物」をすることで、なんとか切り抜けるのです。

そして、その間に、ジャイアンも黙るしかない年上の先輩に頼りましょう。

「世間」はなかなか変わらないと悲しむのではなく、**変わらない「世間」のルールをうまく使って戦うのです。**

やがて、「世間」は少しずつ変わっていくはずです。

帰国子女の女の子が、やがて結婚して、子供が学校に通う頃には、好きなようにおしゃれしても、いじめられない国になっているといいなと思います。いえ、そういう国になるために、僕は僕のできることをしようと思います。この本を書いたのも、そのためです。

21

同調圧力

帰国子女の女の子の例のように、「世間」には、「**みんなと同じことをしないといけない。みんなと同じ格好をしないといけない。みんなと同じことを言わないといけない**」というプレッシャーというか圧力があります。

これを、少し難しい言葉で「**同調圧力**《どうちょうあつりょく》」と言います。

みんなと同じになりなさいという強い雰囲気《ふんいき》ですね。

日本は、この同調圧力がとても強い国です。

もちろん、「世間」があるからです。「世間」のルールが「仲間外れを作る」ですから、みんな、「仲間外れ」にならないように、プレッシャーに従うのです。

「遊園地」と「映画」の例を出しましたが、日常ではいろいろあります。

友達とお昼を食べようと相談した時もそうです。

友達が、次々と「ラーメン」「ラーメンがいいね」「ラーメンが食べたい」「ラーメン屋さんに行こう」と言うと、自分の番になったときに、「ハンバーガーが食べたい」とはなかなか言えないのです。

欧米では、つまりアメリカ人やイギリス人はこういう時「じゃあ、私だけ、ハンバーガーを食べてくるから、ここでまた会おう」なんて会話が普通に起こります。

仲間の希望に無理に従わなくてもいい、自分は自分の食べたいものにしようと思うのです。

周りもそれをまったく気にしません。一人一人、食べたいものが違うことは当り前で、それを無理に合わせる方がおかしいと思うのです。

もう理由は分かりますね。欧米の人は、「社会」に生きているからです。

僕がイギリスの演劇学校に留学していた時のことです。

生徒は、高校を出て入学した18歳と、大学を出て入学した22歳の人達でした。

先生から、3人1組で「自分の見た夢を演劇にしなさい」という課題が出ました。発表は2週間後。みんな、グループに分かれて放課後も一生懸命、練習しました。熱心なグループもあれば、うまくいかなくてもめているグループもありました。

僕のグループは、ロウジーという女の子が見た夢「道を歩いていると、知らない人に教会までの道を聞かれて、説明しているうちに、突然、襲われて逃げた」という、ちょっと怖い夢を演劇にしました。始まりは怖いものでしたが、逃げて、追いかけられて、また逃げて、また追いかけられてと、途中から、アクション映画みたいに派手なものになりました。

発表の日、各グループは順番に発表し始めました。

練習でもめていたグループになった時、一人が「僕達は、話し合った結果、発表しないことに決めました」と言いました。

僕は驚きました。

そんな言い方が許されるんだろうかと、思わず、先生の顔を見ました。

ですが、先生は「分かりました」と、ごく自然に答えました。そして、次のグループを指名しました。

それだけでした。

誰も、そのグループが発表しないことを責めませんでした。

そのグループの3人も、当然のような顔をしていました。悔しいとか恥ずかしいとか怒られるというような表情はまったくありませんでした。

すごいなあと、僕は思いました。

半分感動して、あとの半分は「それでいいのか。やりたいことだけをやるだけでいいのか」と思いました。

はっきりしていることは、「みんなと同じことをしなければいけない」という生き苦しさは少ないだろうということでした。


日本は世界の中で、とても同調圧力の強い国です。

そのことが、良い方向に働くことも、もちろんあります。

例えば、東日本大震災の時、ズタズタになった道路は、たったの1週間で見事に修復されました。

震災直後と1週間後の道路の写真は並べられ、「日本の奇跡」としてネットで世界中に広がりました。

働いていた人達には、それぞれ、事情があったはずです。震災で家族や親戚が行方不明の人もいたかもしれません。家が壊れたり、避難している人もいたかもしれません。

でも、みんなが自分の事情を後回しにして、一致団結して、道路を直したのです。

そうすることが当然だとみんな思いました。これが、良い意味での「同調圧力」です。

でも、これが悪い方向に行くと、クラスでただ一人ランドセルを使ってない生徒を攻撃したり、派手な洋服の生徒を全員で無視したりするのです。

「みんなひとつになろう」という「同調圧力」は、「みんな同じことを考えている」と「ひとつになることは良いこと」という前提があります。

みんな同じ「世間」に住んでいる仲間という意識です。

海外にも同調圧力はあります。

ただ、「みんな同じことを考えていない」、という前提があるのです。

それは、本当に「みんな同じ」ではないからです。

機会があったら、ぜひ海外の中学校や高校を見て欲しいのですが、例えば、ニューヨークだと、白人の生徒がいて、アフリカ系の生徒がいて、アジア系の生徒がいて、ヒスパニックというスペイン系の生徒がひとつの教室にいます。

アジア系と言っても、日本と韓国と中国だったりします。それをまとめてアジア系と言っても、全然、違うと私達は知っています。

そんなバラバラな生徒がひとつの教室に集まっている時に、「派手な服を着てきたからいじめよう」と、全員が思うはずがないのです。

それぞれの文化が違うのだから、派手であることをイヤだと思う人もいれば、派手は素晴らしいと思う人もいるのです。

「派手な服」という定義も違うのです。

色をたくさん使っているのが派手なのか、肌をたくさん露出しているのが派手なのか、キャラクターなどのプリントがついているのが派手なのか。文化が違えば、定義が違うのです。

相手が「何を良いと思っているのか分からない」ということでもあります。

例えば、あなたが道を歩いていると、小さな子供が転んで泣いているとします。あなたは思わず、手を伸ばして、立たせました。

すると、「ありがとうございます。手伝ってくれて助かりました」と近くの親に言われるかもしれません。

でも、「やめて下さい。私の子供は自分の力で立つように教育しているんです」と言われる可能性もあるのです。

相手が「何を良いと思っているか分からない」というのは、こういうことです。

近所の子供たちが集まっていたから、あなたはコンビニでジュースを買ってあげたとします。

子供たちの母親から「ありがとうございます」と言われるか、「うちの子供は、市販のジュースは飲ませないようにしているのに、勝手なことはしないで下さい」と言われるか。

両方の可能性があります。

実際、おじいちゃん・おばあちゃんが、かわいい孫にいろんなものを買って食べさせようとすると、「こういうものには合成着色料とか保存料とか入っていて、身体に悪いんですから、やめて下さい」と母親に言われたりしています。

江戸時代も、そして昭和の時代も、「世間」に住む人達は、みんな同じことを考えていました。だから、簡単にひとつになろうとしたのです。

でも、今、日本にも世界各国から人が来るようになりました。世界からいろんな文化が日本に入って来ているのです。

日本人の間でも、いろんな文化が生まれて、人の好みもバラバラになりました。アニメが大好きな人がいて、サッカーが大好きな人がいて、YouTuberが好きな人がいて、アイドルが好きな人がいます。

もう、かつてのように「みんな同じことを考えている」とは思えなくなったのです。

これが、「世間」は中途半端に壊れた理由のひとつです(最初の理由は、「富国強兵」を目指した明治政府ですね)。

なのに、「みんな同じことを考えている」と思い込んで、「同調圧力」はなかなか弱くならないのです。

22 自分を大切に思うこと

海外にも「同調圧力」はあると書きました。

それに負けないようにするために、欧米の学校では、「**自分を大切にする意識**」「**自分を好きだという感情**」「**自分を認める意識**」を育てようとします。

難しい言葉で「**自尊感情**」「**自尊意識**」と言います。

自分のことを自分でどう思うか。どれぐらい大切だと思っているか。どれぐらい自分が好きか、という感情や意識です。

そして、いろんなアンケートによると、日本は、この「自尊意識」がとても低い国なのです。

日本の若者は、自分のことがあまり好きではなく、自分に自信がなくて、自分のことが嫌いなのです。

いろんな統計で、男子より女子の方が自尊意識が低いと出ています。

もちろん、理由があります。

僕はやっぱり「世間」と関係があると思っています。

説明したように、日本は農耕社会で、一人一人がきわだつより、集団の力を尊重します。

個人より集団が大切なのです。そんな社会で、個人が個人として自分のことを好きになったり、大切だと思う意識はなかなか、育たないだろうと思うのです。

「世間」は、一人一人より、まとまりを重視するのです。


ロンドンの演劇学校に行った話を書きました。

学校では、授業の終わりに「何か質問はありますか？」と先生は必ず聞きます。

すると、いっせいに手が挙がります。

最初、僕はその風景に驚きました。高校を出たばかりと、大学を出たばかりの若者が、サッと手を挙げるのです。

「すごいな。個人がしっかりしてるんだ」と僕は思いました。

が、指名された生徒の質問は、「今日の授業はとっても楽しかったです」とか「今日の授業は、死んだおばあちゃんがいつも言っていたことに似ていました」とかの「感想」ばかりでした。

「質問じゃないじゃん。ただの感想じゃん」と僕は戸惑いました。

それから、毎日、毎時間、先生は「何か質問はありますか？」と聞き、生徒達はほとんど質問せず、ただ感想を語りました。

先生も、感想を語ることに何の問題もないようでした。

3カ月ぐらいたって、僕は、クラスメイトのリチャードに思い切って質問しました。

リチャードは賢いやつだったので、すぐに僕の質問の意味を理解しました。

「ああ。分かる。僕達は、『何か質問はありますか？』と言われても、感想を語るんだ。

それには理由があるんだよ」

リチャードは真剣な表情になりました。

「僕達は、小学校1年生から、何か体験したり、何かを勉強したりしたら、必ず最後に

『あなたはかけがえのないあなたですから、あなたなりの感想や質問が必ずあるはずです。それはなんですか？』と聞かれ続けてきたんだ。『あなたは他の誰でもない、あなたなんだから、あなただけが思う感想や質問がきっとあるでしょう』と先生はいつも言ったんだ。だから、僕達は、体験したり、勉強したら、何かを言わなければいけない『強迫観念《きょうはくかんねん》』があるんだ」

「強迫観念」というのは、「どうしても考えてしまうこと」です。それがバカバカしいと思っていても、どうしてもそう思ってしまう考えのことです。

イギリス人のクラスメイト達は（イタリアやスペインのヨーロッパの人とアメリカ人もいました）、みんな、何かを言わなければいけないという「強迫観念」によって、質問ができないから「感想」を語っていたのです。

質問するというのは、難しいです。授業に対して質問できる、というのは、その授業をちゃんと理解しているという証拠です。

よく分からなかった授業では、質問はできません。

「質問力」という言葉がありますが、質問できるということは、一定の水準をクリアしているのです。

でも、感想なら、たいていの場合は語れます。チンプンカンプンな授業でも、「よく分かりませんでした」と語れるのです。

だから、みんな、「感想」を語ったのです。

僕は、欧米の生徒にそんな強迫観念があることに驚きました。

そして、私達日本人には、「何か質問はありますか？」と聞かれた時に、どんな強迫観念があるか考えました。

私達日本人は、「質問する以上、ちゃんとした質問をしないといけない」という強迫観念があることに気付きました。

立ち上がって質問した時、周りのクラスメイトから「そんな質問して、バカじゃないの」と言われない質問をしなければいけないという意識です。

結果、どういうことが起こるかというと、僕が海外で講演会をすると、「質問はありますか？」と聞いているのに、自分の感想をえんえんと語る人達が現れます。

大学の授業の中の講演だと、もう授業時間が終わって、次の授業が始まる時間なのに、えんえんと感想を語る生徒が続くのです。

日本だと、「何か質問はありますか？」と言うと、みんな、サッと下を向きます。僕と目があって、「質問、ありますか？」と指名されたら困る、僕と目があうと石にされる、みたいに目をふせます。

聞きたいことがある人も、めったに手を挙《あ》げて聞きません。

自分の質問なんて、ちゃんとしてない、大した質問じゃないと思ってしまうのです。

とても「自尊意識」が低いのです。

欧米では、ちゃんと生きるためには、「自尊意識」を育てないといけないと考えています。自分のことが大嫌いな人、自分なんて価値がないと思う人では、人生を素敵に生きていくことができないからです。

だから、小学校1年生から「**あなたはかけがえのないあなたです**」という教育をするのです。

日本の教育はなんでしょう？　どういう教育を受けてきましたか？

「人に迷惑をかけないようにしよう」じゃないですか？

みごとに「同調圧力」に敏感になる教育ですよね。

「世間」に生きる日本人向けの教育と言っていいと思います。

でもね、人は人に迷惑をかけないで生きていくことはできないと僕は思っているのです。

何かを真剣にやろうとしたら、それは必ず誰かの迷惑になります。

だって、あなたがチームのレギュラーになろうとして必死に練習したら、必ず、レギュラーになれず補欠になってしまう人が出てくるのです。

あなたの頑張りは、その人にとっては迷惑になるのです。

でもね、問題は、それを迷惑だと考えるかどうかです。

だって、もっと練習してうまくなった人がいたら、あなたが補欠になります。そのたびに、迷惑だと言っていてもしょうがないのです。

それは迷惑ではなくて、生きていくための「お互いさま」です。

「お互いさま」というのは、**迷惑をかけたりかけられたりしながら、お互いが助け合っ**

て生きていくことです。

人生とはそういうものなのです。

誰にも迷惑をかけないで本気で生きていくことはできません。もし、やろうとしたら、真剣なことは何もできなくなります。

「人に迷惑をかけない」生き方を目指すのではなく、「あなたと人が幸せになる」生き方を目指すのです。

23

仲間外れを恐れない

生き苦しさを生む「世間」と戦う、もうひとつの方法があります。

それは、「**仲間外れを恐れない**」ということです。


グループの仲間から友達扱いされてない女子高生から相談を受けたことがあります。

5人の仲良しグループで、授業の移動もランチも、いつもみんな一緒で、放課後にケーキ食べ放題に行ったり、夏休みには海に行ったりもしています。

でも、彼女はグループの中で「自分はいてもいなくてもいい感じ」と思っています。

遊びの決め事は相談なしに決まっていることが多いし、4人のうち誰かが話し始めても、自分の方を向いて話してくれることはほとんどないのです。

カフェに入っても、いつも端っこのはみ出る席に座ることになります。一度、真ん中の席に座ったら、「奥につめて」と言われました。

グループの最下層にいると感じます。そして、みんな、私のことを本当の友達だと思ってない、と彼女は感じるのです。

僕がアドバイスしたのは、「本当の友達とは思ってくれない人達といつも一緒にいる」ことと「一人でお昼を食べたり、教室を移動する」ことの、どっちがイヤですか？　ということでした。

一人はみんなイヤです。僕だってイヤです。友達がいない人と思われるのもイヤです。でも、「友達のふりをする」こともイヤです。本当は友達じゃないのに、一人がイヤだから、みじめになりたくないからという理由で、友達のふりをすることは、とてもイヤです。

そういう人達が集まったグループは、多いです。一人はみじめだと思うし、思われるから、友達のふりをして集まったグループです。そういう人達は、相手に興味がないので、人の話を聞かないで自分の話を続けます。

そういうグループでは、みんなで話していて一人がトイレに行くと、その人の悪口がすぐに始まります。

みんな、心の深い所で、周りに退屈していたり、嫌いだからです。

だから、僕は「友達のふりをする苦痛」と「一人のみじめさ」を天秤《てんびん》にかけて、どっちがイヤかを考えたらいいと、彼女にアドバイスしたのです。

あなたはどうですか？　どっちがイヤですか？

もちろん、どっちもイヤです。でも、どっちがよりイヤかを考えるのです。

焦《あせ》る必要はありません。じっくり考えて下さい。

あなたがあなた自身に問いかけるのです。

「どんな場合でも一人はイヤだ。そんなミジメでかっこ悪いことは耐えられない」と思ったら、「友達のふりをする苦痛」を選ぶといいと思います。

それは、「世間」を受け入れる道です。好きではない「世間」のメンバーになることです。

「友達でもない人と、友達のふりをしてつきあう方がもっとイヤだ。そんなの耐えられない」と思ったら、一人を選ぶのです。

僕は中学時代、どっちがイヤかを考えて、「一人のみじめさ」を選びました。「友達じゃないのに、友達のふりをする」ことが本当にイヤだったからです。

そして、しばらくすると、同じように「友達のふりをするのがイヤだ」と思って「一人」を選んだ人がいることに気付きました。

そして、その人と話し始めました。そして、本当に友達になりました。

「友達のふりをするのはイヤだ」と思ったから、その人の存在に気付けたのです。もし、そう思わなければ、彼の存在にはずっと気付かなかったと思います。彼もまた、僕の存在に気付かなかったでしょう。

「一人のみじめさを選ぶ」ということは、「世間」から外れるということです。

でも、大丈夫。江戸時代ではないのです。「世間」から外れたからと言って、あなたは死刑になるわけではありません。

でも、もちろん、さびしいです。このさびしさがイヤで、「世間」を選ぶ人もいるでしょう。

では、そのさびしさをまぎらわす方法を考えましょう。
さびしさが、少しでも減れば、「世間」から抜け出しやすくなるはずです。

24

たったひとつの「世間」ではなく

日本人は「社会」の人との会話が苦手だと書きました。

あなたも僕も、知らない人と長い間話すなんてことはなかなかできません。

まして、欧米の人のように駅や公園などの知らない人が集まっている所で、ボーイフレンドやガールフレンドを作るなんてことは、日本人にはなかなかできません。

でも、東日本大震災の後、日本の各地で「社会」の人達同士の会話が始まりました。

道を歩いていて、グラッと揺れると、思わず、知らない人同士が「揺れましたね」「ちょっと大きかったですね」と話しました。

そして、また、別れて歩いて行きました。

地震を体験したことがとても不安だから、目の前を歩いている人同士が思わず会話したのです。

知らない人と、これだけの会話をするだけでも、気持ちは少し楽になるのです。

もちろん、近くに友達がいたら、「揺れたね。怖いね」と、たくさん話して気をまぎらわせたでしょう。

でも、近くに「世間」の人がいない時、私達は、「社会」の人と話すことで、気持ちを落ち着けたり、元気になったりするのです。

山を歩いていて、たまに人とすれ違うと、みんな「こんにちはー」と言います。ずっと一人で歩いていると、思わず声が出るのです。

こういう、知らない「社会」の人との会話を、僕は「社会話《しゃかいばなし》」と呼んでいます。

「社会話」は聞いたことがない言葉でしょう。僕が作った言葉です。でも、「世間話《せけんばなし》」は聞いたことがあるかもしれません。

周りの大人たちがしているのは「世間話」です。

あなたの周りの大人二人が、

Ａ「お出かけですか？」
Ｂ「ええ、ちょっとそこまで」

という会話をしているのを聞いたことがありますか？

この会話は、よく考えると、なにも伝えていません。「ちょっとそこ」とはどこか？意味不明です。


でも、なぜ大人二人はこんな会話をするのでしょうか？

こういう会話が「世間話」ですね。

この二人は、お互いが同じ「世間」にいることを確認しているのです。

「あなたと私は、同じ『世間』のメンバーなんだ」という確認です。

実際、この会話は、「社会」の人とはしません。知らない人に向かって「お出かけですか？」とは聞きませんし、知らない人に向かって「ええ、ちょっとそこまで」とは返さないのです。


学校でもクラブ活動でも、「あいさつ」をしようと盛んに言うのは、同じ「世間」のメンバーだという確認をしたいからです。

これは、「世間」にとっては重要なことです。

日本人は「世間話」は得意です。

でも、これからは「社会話」もできるようになるといいなと僕は思っています。

例えば、毎日、ジョギングして、すれ違う人と「こんにちはー」というのは「社会話」です。

犬の散歩をさせていて、別の飼い主さんとお互いの犬の話をするのも「社会話」です。

図書館で知らない人と、「勉強は大変だあ」と言い合うのも「社会話」です。

こういう会話が「世間」に生き苦しくなっているあなたの心を自由にするのです。


あなたがたったひとつの「世間」にしか所属していなければ、その「世間」から追い出されそうになったり、その「世間」とぶつかったりしたら、あなたの行く場所はなくなります。

あなたはとても落ち込み、苦しむでしょう。

いつも仲のよい同じグループの人とだけ話し、行動している場合です。

もし、そのグループでメンバーとケンカしたり、いじわるされてグループにいられなくなったりしたら、あなたはとても落ち込むでしょう。

「たったひとつの『世間』」とぶつかったり、追い出されたりして、生き苦しくなることを避ける方法は二つあります。

ひとつは、同時に他の弱い「世間」に所属することです。

もうひとつは、「社会話」をできるようになることです。

猛烈《もうれつ》なサラリーマンの人が、定年退職した後、ヌケガラのようになることがあります。生きがいを見つけられず、何もできない人になってしまう例です。

それは、会社が、たったひとつの「世間」だったからです。

だから、定年退職して、会社をやめてしまうと、もう、生きていく「世間」がなかったのです。

もし、このサラリーマンが、会社だけではなく、例えば、ふだんから地域の草野球のメンバーとして活動していたり、地域のボランティアサークルで活動していたり、高校の時の同級生とよく遊んでいたりしたら、会社をやめた後もやることがあるのでヌケガラにならなくてすんだと思います。

この場合は、サラリーマンの人は、会社という強い「世間」だけではなく、草野球やボランティアサークル、同級生という弱い「世間」にも所属していたということです。

もし、あなたが、いつも同じグループでしか生活していないのなら、他にも「世間」を作ることを勧めます。

なんでもいいのです。

いつも一緒にいるグループは強い「世間」です。その強い「世間」にいながら、同じぐらい強い「世間」に所属することは不可能でしょう。

強い「世間」に対抗して、同じぐらい強い「世間」を探すのではなく、弱い「世間」に所属するのです。それも、ひとつではなく、いくつかの「世間」に所属できれば素敵です。

塾の仲間は、「世間」です。

絵画教室やダンス教室に通っている、というのも、もちろん、「世間」です。

そういう「世間」に所属することで、強い「世間」の生き苦しさやゴタゴタをスルーできるのです。

僕に相談した女子高生は、いつも、一緒にいるグループが、たったひとつの強い「世間」でした。

たったひとつの「世間」にしか所属してないから、彼女は苦しんだのです。

「みんなが自分のことを本当の友達と思ってない」と感じても、たったひとつの強い「世間」から抜け出すのは、とても難しいし、勇気がいります。

でも、もし、彼女が、週に1回、ダンス教室に通っていて、そこにも友達がいたら、「最下層に扱われているグループ」から抜けるのはもっと簡単だったと思います。

たったひとつの「世間」しかないから、頼ってしまうのです。苦しいことがあっても、抜けられないと思ってしまうのです。

でも、**他に「世間」があれば、気持ちはうんと楽になります。**

週1のダンス教室は、おそらく弱い「世間」ですから、ひとつだけだと不十分かもしれません。

彼女は、ダンス教室だけではなく、塾にも週1で通っていて、そこにも弱い「世間」がある、なんて場合は、より彼女は自由になるでしょう。

もし、「世間」が見つからない時は、探します。

なにか習い事を始めてみるのもいいし、塾に通うのもいいでしょう。ネットで募集しているサークルを調べる、なんて手もあるでしょう。

探しながら、その間の淋しさは「社会話」でまぎらわすのです。

図書館に行って、知らない人に「この本、面白かったです」と一言、言うだけでも少しは気が楽になるはずです。

駅でベビーカーを抱えて苦しんでいる女性に「手伝いましょうか?」と言うだけでも、なんだか素敵な気持ちになると思います。

そうやって、「社会」の人と話しながら、所属できる複数の弱い「世間」を探すのです。

25

私を支えるもの

強い「世間」に所属すると、あなたは強くなります。

それは、あなたが強いのではなく、あなたを支えてくれる「世間」が強いからです。

私達人間は弱いので、そういうもので自分を強くします。

無職より、大企業に勤めるほうが強くなります。偏差値が低い学校より、高い学校に通う方が自分は強くなったと感じます。

低いランクの大学に行くより、高いランクの大学に行く方が自分を強く感じます。

でも、それは、私達自身が強くなったのではなく、大企業や偏差値の高い学校という強い「世間」に支えられているだけです。

強いチームに所属すると、自分の実力は変わってないのに、まるで自分が強くなったような気がするのと同じです。

欧米の人達は、周りがラーメンと言っていても、ハンバーガーが食べたい時は、「ハンバーガーを食べてくる」と一人でも言うと書きました。

「欧米の人は強いなあ」と思ったでしょうか。自分はすぐに人の意見に負けて、周りに振り回されてしまうんだよなあ、と悲しくなりましたか。

でも、欧米の人が強いのは、彼らが本当に強いのではなく、強いものに支えられているからです。

それは何か分かりますか?

そう。一神教の神様ですね。

強い神様に支えられているから、友達と違うことを言っても平気なのです。欧米の人は、とにかく、神様との関係が問題なのです。

もし、神様が「ラーメンにしなさい」と言えば、欧米の人は無条件でラーメンにするでしょう(ま、神様はそんなこと言いませんが)。

日本では、一神教の神様にあたるのが「世間」だと書きました。「世間」は神様です。

だから、周りが「ラーメンにしよう」と言うと逆らえないのです。周りの言葉は「世間」の言葉で、それはつまり、神様の言葉なのです。

ただし、「世間」は中途半端に壊れたと書きました。そんなに強い「世間」はなかなかありません。

だから、人間は、自分の所属する「世間」を強くして、自分を支えようとします。

あなたが生き苦しいグループを抜けて、週1回会う絵画教室のグループに所属したとします。

仲良しグループという強い「世間」を抜けて、弱い「世間」に入ったのです。

でも、弱い「世間」では、なかなか安心できません。自分を支えてくれる、という実感が持てないのです。

そういう時、人は、弱い「世間」を強くしたいと思ってしまいます。

強くするためには、「世間」の5つのルールを徹底的に守ろうとするのです。

年上に無条件に従い、いつも一緒にいて「共通の時間」を増やそうとして、おごったりおごられたりして贈り物を増やし、仲間外れを作って、仲間だけの約束事を守ろうとします。

そうすると、弱い「世間」は強くなったように見えますが、生き苦しさがまたよみがえる可能性が高くなります。

ずっと一緒にいる仲良しグループを作ることを、唯一の解決法にしない方がいいと僕は思っているのです。

もちろん、誰も仲間外れにしない、誰も最下層にしない、理想的な仲良しグループができれば、それは素敵な「世間」です。

でも、それは不可能だろうと僕は思います。

仲良しグループのまとまりが強ければ強いほど、仲間外れは生まれるだろうし、誰かはとても生き苦しくなるだろうと思っているのです。だって、5つのルールを厳しくすること、例えば、仲間外れを作ることが、「世間」を強くする方法ですから。

ですから、仲良しグループを抜けて、別の強い「世間」を作ろうとするのではなく、弱い「世間」にいくつか所属することで、自分を支えるのです。

たったひとつの「世間」だけではなく、複数の弱い「世間」にも所属すること。
いつも一緒にいるグループだけではなく、たまに会う人達との関係も作っておくこと。
それが、あなたの生き苦しさを救うことになるのです。

26

スマホの時代に

スマホは私達の生活を変えました。

あなたは、スマホを持つ前と持った後で、何が違いましたか？

友達のSNSの写真を見て、どう思いますか？

「ああ、素敵だな」と思いますか？　それより、「なんて楽しそうなんだ。それにひきかえ、自分の生活はみじめだ」「みんなはどうしてこんなに幸せそうなんだ。なのに自分は……」「友達の派手なSNSの写真は見たくない」と思ったりしませんか？

インターネットでつながることが、かつては希望でした。でも、今はつながることが、重荷とか苦痛になっていると僕は思っています。

多くの人とスマホでつながることで、ますます孤独を感じるようになっているのです。

考えてみれば、変な話です。多くの人とつながればつながるほど、楽しくなったり、安心したりするのではなく、孤独や不安になるのです。

スマホは不幸なことに、「世間」を「見える化」しました。

自分がどんな「世間」にいるか、どれぐらい「世間」からハジキ飛ばされているか、「世間」は今どうなっているのか、を目に見える形で示すのです。


同時に、スマホはあなたの自意識をどんどん増大させます。

自意識というのは、「周りに自分のことがどう思われているんだろうと思う意識」のことです。

スマホはあなたの評価を数字で表します。

何人のフォロワーがいて、いくつの「いいね」がついて、どれくらい見られているのか。

それが、リアルタイムで表示されるのです。

これで、自意識とうまくつきあえるというのは、ものすごく難しいことです。

僕の十代は、もちろん、スマホなんかありませんでした。テレビや新聞・雑誌しかなかったので、注目されるにはかなりのことをしないとダメでした。

十代で自転車で日本一周したとか、世界30カ国を訪れたとか、小説を出版したとか、簡単には実現できないことでしか、評価されませんでした。ですから、マスコミに取り上げられること、有名になることを諦めることができました。

けれど、スマホの時代には、簡単なことで発信できて、何人かのフォロワーがついて、反応が返ってきます。

どれぐらい自分は注目されているのか、昨日より今日の注目は増えたのか減ったのかをスマホはいちいち教えてくれるのです。

これは、麻薬です。うまくつきあわないと、自分の評価だけが気になります。自意識がどんどん大きくなって、「人からどう思われているか」だけを気にするようになってしまうのです。

でも、「人からどう思われているか」というのは、「空気」ということです。毎日、コロコロと変わる、不安定な評価です。

「空気」を生きる目標にしてしまうと、安定しない、不安な毎日を送ることになってしまうのです。

たくさんのフォロワーやビュー、「いいね」が欲しくて発言します。

多くの人に認められれば、自分は「何者かになった」と思えるからです。

昔のマスコミと違って、簡単に有名になれるインターネットでは、だからこそ、有名ではない自分、何者にもなってない自分は許せません。

みんな、「自分はこんなレベルじゃない」と思っているのです。

だからみんな、「何者かになりたくて」、発信を続けます。

でも、ネットでは、上には上がいます。何かを発言しても、すぐに否定されてしまいます。

マニアぶって、マンガや映画、小説のことを書いても、すぐに誰かに否定されます。

「何者にもなれない」自分を突きつけられるのです。

でも、こういう時、絶対に否定されない言葉があるのを知っていますか？

それは、「正義の言葉」です。

「20歳未満なのにお酒を飲んでいる人を見つけた」「高校生なのにタバコを吸っている写真をアップしていた」「信号無視をしていた人がいた」「自転車で道路いっぱいに横一列に並んで走って迷惑」

こういう文章をＳＮＳに書いても、否定されません。ネットで見つけて、堂々と告発すると、まるで自分が「何者かになった」ような気分になれます。だから、最近、「正義の言葉」を発信する人が増えてきました。

でも、こんな形で、「何者かになろう」としても、幸せにはなれないだろうと僕は思っています。

ずっとインターネットをさまよい、観察し、告発し続けないといけないのです。とても疲れる人生だろうと思うのです。

誰かを憎み、告発することを基本にするのではなく、自分を認めること、つまり、「自尊意識」を高めることを目標にした方がいいと思っています。

ＳＮＳに写真や文章をアップするのは、「正義の言葉」でも「人の評価」でもなく、あなたがそれを「好きかどうか」「やりたいかどうか」で判断するのです。

「人の評価」だけが動機になると、本当につらい人生になると思います。

僕は作家ですが、「読者が気に入るかどうか」だけでは作品は書けません。もちろん、読者が気に入ってくれれば嬉しいですが、その前に「自分は書きたいのか」「自分は面白いと思っているのか」という大切なハードルがあります。

このハードルをちゃんとクリアしないで、「読者が気に入るかどうか」だけを考え始めると、人生は不安定になり、不幸になると思っているのです。

だって**自分の人生を決めるのは、自分であって、「他の人が評価するかどうか」ではないからです。**

もうひとつ、大切なこと。

スマホを「世間」を強化する方向では使わない方がいいと思います。つまり、知り合いの楽しそうな写真を見たり、ラインやメールを何度も交換することを一番の目的にしないのです。

では、**スマホの目的は何かと言えば、「社会」とつながることです。**

まだ見ぬ情報や人とつながることが、スマホの本来の使い方なのです。

もちろん、ネットは悪意と誘惑のかたまりです。気をつけないと、あなたをダメにする情報がたくさんあります。

スマホをまだ人類はちゃんと使いこなせてないのです。私達は、スマホという強力な呪《じゅ》文《もん》を覚えたばかりの魔法使い見習いみたいなものです。

自分を孤独にもできるし、可能性を広げることもできるし、そして、人を追い詰めて殺すことも、追い詰められて死にたくなることもできるのがスマホなのです。

大人でさえも、うまく使いこなせていません。

でも、**粘《ねば》り強く接していけば、あなたをいい方向に変えてくれる素敵な情報や良質な人と間違いなく出会うはずです。**

ネットはあなたに、あなたにあった小説や映画、演劇を教えてくれます。あなたが、見てよかった、読んでよかったと心底思えるものを教えてくれるのです。

ネットは、世界の片隅で、必死に生きている人達を教えてくれます。あなたが感動する人間の存在を教えてくれます。あなたが旅すべき街を教えてくれます。

それは、あなたをあなたの「世間」から自由にし、生き苦しさから救ってくれるものなのです。

おわりに

以上でこの本の話はおしまいです。

「世間」と「社会」の話は、納得《なっとく》できたでしょうか？

少し複雑な話ですから、1回読んだだけでは分からないかもしれません。

そういう場合は、何度も読んでもらえると嬉しいです。

もし、もっと学問的に知りたいと思った人がいたら、『「空気」と「世間」』（講談社現代新書）を読んでみて下さい。この本に書いた内容を、詳《くわ》しく専門的に書いています。

でも、伝えたい本質は、この本にすべて書きました。

日本は素敵な国です。四季が豊かで、ハイテクと伝統とアニメなどのポップカルチャーに富んだ素晴らしい国です。

そして、同時に、とても同調圧力が強い国なのです。

この国で、同調圧力に負けないでちゃんと生きていくためには、知恵をつけることです。
そして、表面的な出来事に振り回されるのではなく、物事の本質を見つめることが大切なのです。

僕はこの国の本質は、「世間」と「社会」そして、「空気」に現れていると思っているのです。

この考え方が、あなたを自由にし、生きていく支えになるのなら、僕はとても幸福です。

大人になっても、「世間」や「空気」から自由になれるわけではありません。

でも、抑圧する「世間」、強すぎる「空気」を問題にしていけば、少しずつ、この国は変わっていくと僕は思っています。

あなたが、乱暴な先輩の頼みを断ったり、友達のふりをしているグループから抜け出したり、知らない人と「社会話」をすることは、あなたの戦いだけではなく、この国で同調圧力に苦しむ人々を応援することになると、僕は信じているのです。

あなたの戦いは、あなただけの戦いではない。そう思えれば、グループからはじき飛ばされても、集団の中で孤独になっても、生きていけると思えませんか？

あなたの「世間」や「空気」との戦いを心から応援します。

鴻上尚史

作家・演出家．1958年愛媛県生まれ．1981年に劇団「第三舞台」を結成．2008年に「虚構の劇団」を旗揚げする．現在は，プロデュースユニット「KOKAMI@network」と，「虚構の劇団」を中心に活動．著書に『「空気」と「世間」』『不死身の特攻兵——軍神はなぜ上官に反抗したか』(講談社現代新書)，『リラックスのレッスン——緊張しない・あがらないために』(大和書房)など．AERA dot.「鴻上尚史のほがらか人生相談」連載中．

「空気」を読んでも従わない
生き苦しさからラクになる　　岩波ジュニア新書 893

2019年4月19日　第1刷発行
2019年9月25日　第6刷発行

著　者　鴻上尚史《こうかみしょうじ》

発行者　岡本　厚

発行所　株式会社 岩波書店
〒101-8002 東京都千代田区一ツ橋 2-5-5
案内 03-5210-4000　営業部 03-5210-4111
ジュニア新書編集部 03-5210-4065
https://www.iwanami.co.jp/

印刷・三陽社　カバー・精興社　製本・中永製本

ISBN 978-4-00-500893-3　　Printed in Japan

岩波ジュニア新書の発足に際して

きみたち若い世代は人生の出発点に立っています。きみたちの未来は大きな可能性に満ち、陽春の日のようにひかり輝いています。勉学に体力づくりに、明るくはつらつとした日々を送っていることでしょう。

しかしながら、現代の社会は、また、さまざまな矛盾をはらんでいます。営々として築かれた人類の歴史のなかで、幾千億の先達《せんだつ》たちの英知と努力によって、未知が究明され、人類の進歩がもたらされ、大きく文化として蓄積されてきました。にもかかわらず現代は、核戦争による人類絶滅の危機、貧富の差をはじめとするさまざまな人間的不平等、社会と科学の発展が一方においてもたらした環境の破壊、エネルギーや食糧問題の不安等々、来るべき二十一世紀を前にして、解決を迫られているたくさんの大きな課題がひしめいています。現実の世界はきわめて厳しく、人類の平和と発展のためには、きみたちの新しい英知と真摯《しんし》な努力が切実に必要とされています。

きみたちの前途には、こうした人類の明日の運命が託されています。ですから、たとえば現在の学校で生じているささいな「学力」の差、あるいは家庭環境などによる条件の違いにとらわれて、自分の将来を見限ったりはしないでほしいと思います。個々人の能力とか才能は、いつどこで開花するか計り知れないものがありますし、努力と鍛練の積み重ねの上にこそ切り開かれるものですから、簡単に可能性を放棄したり、容易に「現実」と妥協したりすることのないようにと願っています。

わたしたちは、これから人生を歩むきみたちが、生きることのほんとうの意味を問い、大きく明日をひらくことを心から期待して、ここに新たに岩波ジュニア新書を創刊します。現実に立ち向かうために必要とする知性、豊かな感性と想像力を、きみたちが自らのなかに育てるのに役立ててもらえるよう、すぐれた執筆者による適切な話題を、豊富な写真や挿絵とともに書き下ろしで提供します。若い世代の良き話し相手として、このシリーズを注目してください。わたしたちもまた、きみたちの明日に刮目《かつもく》しています。（一九七九年六月）

877・876
数学を嫌いにならないで
基本のおさらい篇
文章題にいどむ篇
ダニカ・マッケラー
菅野仁子訳

数学が嫌い？　あきらめるのはまだ早い。この本を読めばバラ色の人生が開けるかもしれません。アメリカの人気女優ダニカ先生が教えるとっておきの勉強法。苦手なところを全部きれいに片付けてしまいましょう。いつのまにか数学が得意になります！

878
10代に語る平成史
後藤謙次

消費税の導入、バブル経済の終焉、テロとの戦い…、激動の30年をベテラン政治ジャーナリストがわかりやすく解説します。

879
アンネ・フランクに会いに行く
谷口長世

ナチ収容所で短い生涯を終えたアンネ・フランク。アンネが生き抜いた時代を巡る旅を通して平和の意味を考えます。

880
核兵器はなくせる
川崎　哲

ノーベル平和賞を受賞したICANの中心にいて、核兵器廃絶に奔走する著者が、核の現状や今後について熱く語る。

881
不登校でも大丈夫
末富　晶

「学校に行かない人生＝不幸」ではなく、「幸福な人生につながる必要な時間だった」と自らの経験をふまえ語りかける。

882 40億年、いのちの旅 伊藤明夫

40億年に及ぶとされる、生命の歴史。それをひもときながら、私たちの来た道と、これから行く道を、探ってみましょう。

883 生きづらい明治社会 ―不安と競争の時代 松沢裕作

近代化への道を歩み始めた明治とは、人々にとってどんな時代だったのか？ 不安と競争をキーワードに明治社会を読み解く。

884 居場所がほしい ―不登校生だったボクの今 浅見直輝

中学時代に不登校を経験した著者。マイナスに語られがちな「不登校」を人生のチャンスととらえ、当事者とともに今を生きる。

885 香りと歴史 7つの物語 渡辺昌宏

玄宗皇帝が涙した楊貴妃の香り、織田信長が切望した蘭奢待など、歴史を動かした香りをめぐる物語を紹介します。

886 〈超・多国籍学校〉は今日もにぎやか！ ―多文化共生って何だろう 菊池 聡

外国につながる子どもたちが多く通う公立小学校。長く国際教室を担当した著者が語る、これからの多文化共生のあり方。

889 めんそーれ！ 化学 ―おばあと学んだ理科授業 盛口 満

料理や石けんづくりで、化学を楽しもう。戦争で学校へ行けなかったおばあたちが学ぶ教室へ、めんそーれ(いらっしゃい)！

888・887
数学と恋に落ちて
未知数に親しむ篇
方程式を極める篇
ダニカ・マッケラー
菅野仁子訳

将来、どんな道に進むにせよ、数学はあなたに力と自由を与えます。数学を研究し、女優としても活躍したダニカ先生があなたの夢をサポートする数学入門書の第二弾。式の変形や関数のグラフなど、方程式でつまずきやすいところを一気におさらい。

890
情熱でたどるスペイン史
池上俊一

長い年月をイスラームとキリスト教が影響しあって生まれた、ヨーロッパの「異郷」。衝突と融和の歴史とは？（カラー口絵8頁）

891
不便益のススメ
―新しいデザインを求めて
川上浩司

効率化や自動化の真逆にある「不便益」という新しい思想・指針を、具体的なデザイン、モノ・コトを通して紹介する。

892
ものがたり西洋音楽史
近藤　譲

中世から20世紀のモダニズムまで、作曲家や作品、演奏法や作曲法、音楽についての考え方の変遷をたどる。

893
「空気」を読んでも従わない
―生き苦しさからラクになる
鴻上尚史

どうしてこんなに周りの視線が気になるの？どうして「空気」を読まないといけないの？その生き苦しさの正体について書きました。

894 内戦の地に生きる
―フォトグラファーが見た「いのち」
橋本 昇
母の胸を無心に吸う赤ん坊、自爆攻撃した息子の遺影を抱える父親…。戦場を撮り続けた写真家が生きることの意味を問う。

895 ひとりで、考える
―哲学する習慣を
小島俊明
主体的な学び、探求的学びが重視されているなか、フランスの事例を紹介しながら「考える」について論じます。

896 「カルト」はすぐ隣に
―オウムに引き寄せられた若者たち
江川紹子
オウムを長年取材してきた著者が、若い世代に向けて事実を伝えつつ、カルト集団に人生を奪われない生き方を説く。

897 答えは本の中に隠れている
岩波ジュニア新書編集部編
悩みや迷いが尽きない10代。そんな彼らに、個性豊かな12人が、希望や生きる上でのヒントが満載の答えを本を通してアドバイス。

898 ポジティブになれる英語名言101
小池直己
佐藤誠司
プラス思考の名言やことわざで基礎的な文法を学ぶ英語入門。日常の中で使える慣用表現やイディオムが自然に身につく名言集。

899 クマムシ調査隊、南極を行く！
鈴木 忠
白夜の夏、生物学者が見た南極の自然とは？ 笑いあり、涙あり、観測隊の日常がオモシロい！〈図版多数・カラー口絵8頁〉